동시대
세계
극작술의
흐름

동시대 세계 극작술의 흐름

초판 인쇄 · 2022년 12월 10일
초판 발행 · 2022년 12월 15일

엮은이 · 한국연극평론가협회
펴낸이 · 한봉숙
펴낸곳 · 푸른사상사

주간 · 맹문재 | 편집 · 지순이 | 교정 · 김수란, 노현정 | 마케팅 · 한정규
등록 · 1999년 7월 8일 제2-2876호
주소 · 경기도 파주시 회동길 337-16 푸른사상사
대표전화 · 031) 955-9111(2) | 팩시밀리 · 031) 955-9114
이메일 · prun21c@hanmail.net
홈페이지 · http://www.prun21c.com

ⓒ 한국연극평론가협회, 2022

ISBN 979-11-308-1996-9   93680
값 22,000원

연극이론총서 8

동시대 세계 극작술의 흐름

The flow of contemporary
world dramaturgy

한국연극평론가협회 엮음

『동시대 세계 극작술의 흐름』을 출간하며

　20세기를 넘어서면서 우리 연극계는 엄청난 변화를 맞이하게 된다. 이 변화의 중심에는 후기구조주의라는 철학적 사유가 함께하고 있다. 이 사유는 서구 형이상학의 이분법적 도식이 가져왔던 위계적 폭력과 절대화된 이성적 주체에 대한 반성을 이끌어내며 탈중심론의 사유의 전환을 가능하게 했다. 이러한 반성적 사유의 전환은 선형적이고 권위적인 메시지 전달을 거부하며 다양한 관점을 동시에 제공하면서 비위계적 병렬 텍스트와 동시성, 혼종성 그리고 직시적 이미지가 만들어내는 물성으로의 변화를 가져왔다.

　하지만, 권위적 메시지를 거부하며 다양성에 열려 있는 포스트모던 극작술은 어떠한 주도적인 윤리를 갖지 않고자 하면서 '여기/지금'에 존재하는 질료적 권고만을 따르며 이미지의 순수하고 번역할 수 없는 감각적 직접성이 전부가 된다. 이렇게 단순히 던져진 오브제의 물성에 머무르는 '전시된' 연극 혹은 대안 없는 해체로 향해 가는 예술/연극 작품에 대한 반성, 혹은 그 한계에 대한 사유는 한편으로, 포스트모더니즘의 탈중심론을 간직하면서 동시에 다른 한편으론, 한 예술가의 사유의 흐름을 담보해내는 방법을 찾고자 부단히 노력해왔다.

이 반성적 사유의 흐름과 함께 한국연극평론가협회에서는 지난 2년여 간의 세미나 발표를 통해 21세기의 새로운 극작술을 추구하는 국내·외 작가들의 작품을 연구하여 동시대 세계 극작술의 다양한 흐름들을 제시하고자 노력했다. 여전히 진화하며 진행 중인 21세기의 새로운 극작술에 관한 연구로서 아직 많이 미약한 첫걸음이지만 이 시도가 한국 연극학의 미학적 지평을 확장하는 데 작은 도움이 되길 희망해본다.

•

이 책에 실린 글들은 총 다섯 명의 필자에 의해 한국, 일본, 프랑스, 영국, 미국에서 새로운 극작술을 행하는 작가/예술가들에 관한 연구이다.

하형주의 「조엘 폼므라의 '새로운 사실주의' 글쓰기」에서는 프랑스의 극작가, 조엘 폼므라(Joël Pommerat)의 작품을 통해 포스트모던 예술의 한계, 즉 단순히 '전시'되거나 대안 없는 해체에 머무르는 한계를 극복하고자 새로운 극작술로서의 '제3의' 새로운 사실주의를 제안한다. 필자는 19세기에 등장한 사실주의를 플라톤과 아리스토텔레스의 미메시스(mimesis)의 개념과 함께 분석하며 '재현적 사실주의'와 '자연적 사실주의'로 나눈다. 그리고 20세기 발터 벤야민(Walter Benjaman)과 테오도르 아도르노(Thedor W. Adorno)에 의해 이해된 '비동일적인 것'에 대한 사유로서의 미메시스를 소환하며 유사성의 차용 가능성을 자크 랑시에르(Jaques Rancière)의 개념과 함께 논하며 '제3의' '새로운 사실주의'를 21세기 새로운 극작술로서 제시한다. 이 제3의 '새로운 사실주의'는 한편으론 우둔한 이미지로서 의미 작용을 상실한 방황하는 말이며, 동시에 상처자국, 흔적으로서 존재한다. 다른 한편으론, 작가는 이 우둔한 이미지에 각인된 흔적들의 의미 작용을 대립된 방식으로 해석해내는 가능성을 통해 역전된 이미지의 시학을 구축한다. 이렇게 우둔한 이미지는 기대를 낳고 어기며 재구축된 성좌를 통해 새로운 의미를 산출해내며 21세기 새로운 미학적 극작술로 거듭난다.

김기란의「정연두 다원예술의 창작 원리 : 매체 특정성의 포월(匍越)을 통한 매체의 재창안」에서는 크라우스의 '포스트-매체 담론'을 경유하여 다원예술로 이해되는 정연두 작업의 창작원리를 고찰했다. 특히 공연예술학의 입장에서 미술관의 전시를 공연(혹은 퍼포먼스)으로 확장하는 작업에 주목했다. 〈보라매 댄스홀〉과 이후의 작품들을 분석하여, 사진예술의 매체 특정성을 '포스트(post-)'하여 공연예술로 구성될 수 있는 잠재적 가능성이 배태되어 있었음을 살펴보았고, 그것이 총체적으로 구성하는 동력으로 작동하는 데서 나아가, 서로 유기적 연관을 맺으며 새로운 미감의 효과를 창출하는 작품으로 구성되었다. 다원예술은 그것이 전제하는 다원주의(pluralism)를 반영한 창작 방식, 곧 특정 예술 장르만의 가치를 위시하거나 위계화하지 않고 각 장르를 민주적으로 융합해야 한다는 식의 진술만으로는 설명할 수 없다. 정연두의 작업 역시 다양한 매체를 융합하는 외형적 측면에서의 다원 예술이 아니라, 포월(匍越)적 방법으로 매체 특정성을 넘어 새로운 매체를 재창안하는 측면에서의 다원예술로 이해될 수 있다.

이성곤의 〈금융자본주의와 대중적 극작술〉은 일본의 사회파 작가로 알려져 있는 시모리 로바의 〈hedge1−2−3〉〈hedge 시리즈〉을 중심으로 금융자본을 소재로 한 희곡의 드라마트루기 전략을 분석한 글이다. 전 세계적인 경제불황과 금융위기는 이미 우리 일상과 삶에 직접적인 영향을 끼치고 있다. 소위 '금융독해력'이 삶의 조건을 결정 짓는 시대다. 'hedge 시리즈'는 신자유주의 시대 '일본 자본주의 사회의 빛과 그림자'를 그리고 있는 작품으로 2021년에 세 편이 시리즈로 공연되기도 했다. 한국에서는 극단 놀땅이 〈내부자거래〉라는 제목으로 〈Inside−Hedge 2〉를 무대에 올렸다. '금융엔터테인먼트'를 표방하고 있는 시모리 로바의 극작술이 어려운 금융 언어를 어떻게 알아듣기 쉬운 연극의 언어로 '번역'하고 있는지를 엿볼 수 있는 흥미로운 글이다.

최성희의 「린 노티지의 리얼리즘 리부트」에서 필자는 21세기에 들어 포스트모더니즘에 대한 비판적 점검과 함께 리얼리즘을 새롭게 전유하는 움직임이 다양하게 전개되고 있음을 피력하며 흑인 여성 극작가인 린 노티지(Lynn Nottage)의 극작술을 소개한다. 필자는 노티지의 극작술의 특징을 '코스모폴리탄 리얼리즘'과 '실제의 드라마터지'라는 두 개의 개념을 중심으로 고찰한다. 노티지는 위로부터 주어지는 획일적 보편주의(universalism)는 경계하되 일상으로부터 형성되어 다수의 공감을 이끌어내는 보편성(universality)에 대한 열망을 포기하지 않는다. 특히 노티지의 '실제의 드라마터지'는 다큐멘터리 연극 속에 본래적으로 존재하는 리얼리즘적 요소를 새롭게 발견하도록 함으로써 다큐멘터리 연극과 리얼리즘 연극을 이분법적으로 바라보는 기존의 시각에 대한 재검토를 요청하고 있다.

최영주의 「사이먼 스톤의 '덧대어쓰기'」에서 고전은 여타의 작품들에 비해 월등히 높은 수준의 내용과 형식을 성취함으로써 망각 속에 던져지지 않은 채 세월을 버티며 섬겨져왔다. 그리하여 고전은 오랜 세월을 겪어내며 독자와 관객, 사회의 응시 속에 의미를 두텁게 더해왔던 것이다. 그러나 다른 한편으로 고전은 너무 알려져 익숙해졌기 때문에, 혹은 당대의 관객과 소통하기에는 어색한 세월의 흔적 때문에, 또는 이미 변해버린 취향 때문에 박물관의 유물로 내던져질 위험도 다분히 내재하고 있다. 사이먼 스톤(Simon Stone)은 고전을 통과하여 이어지는 동시대의 모습을 극작을 통해 새롭게 발굴하고 있다. 그는 고전의 익숙함과 거리감을 극복하고 그 심연을 들여다보면서 인간이라는 한계로 말미암아 그 삶이 동시대에도 지속되고 있음을 확인한다. '덧대어 쓰기'로 표방되는 그의 극작술은 고전 속의 과거 삶과 동시대의 개인의 삶의 대위적 관계 속에서 발생한다고 할 수 있다.

•

이 책은 한국연극평론가협회가 발간하는 계간 『연극평론』의 2020년 가을호부터 연재되기 시작한 '동시대 극작술' 코너가 2021년 심재민 신임회장 임기에 와서 새롭게 〈학술세미나 1〉의 형식으로 탈바꿈하면서 2022년 봄호까지 약 2년여 동안 진행된 세미나 발표를 토대로 보완된 원고를 통합하여 한 권의 단행본, 『동시대 세계 극작술의 흐름』으로 출판하게 되었다. 21세기 동시대 새로운 극작술의 흐름을 담아낸 이 책이 한국연극학과 연극 실천 작업에 미력하나마 도움이 되었으면 한다.

이 책이 나오기까지 세미나에 매번 참여하여 좋은 의견을 제안해주신 선생님들과 물심양면으로 책의 출판 과정을 챙겨주신 심재민 회장님 그리고 바쁜 일정에도 옥고를 정리하여 내주신 선생님들께 감사한 마음을 전한다. 그리고 이 책이 출판될 수 있도록 많은 도움을 아끼지 않은 푸른사상사의 한봉숙 사장님과 편집팀에 감사드린다.

2022년 11월 25일
책임편집 하형주

조엘 폼므라의 '새로운 사실주의'
글쓰기

하 형 주

Joël
Pommerat

조엘 폼므라의 '새로운 사실주의' 글쓰기[1]

1. '새로운 사실주의'의 소환

21세기 새로운 극작술을 논하기 위해 무엇보다 먼저 포스트모더니 즘에 대한 논의를 하지 않고서는 동시대 새로운 극작술의 의미를 정확히 이해하기 어렵다. 사실, 포스트모더니즘은 서구 형이상학의 이분법적 도식이 가져왔었던 중심론과 절대화된 이성적 주체에 대한 반성을 이끌어내며, 메타담론에 대한 비판과 함께 탈중심론으로의 사유의 전환을 가능하게 했다. 이 전환은 자연스럽게 예술/연극에서의 극작술과 공연 작업에서의 변화를 가져왔다. 말하자면, 예술가들은 선형적이

---

1 이 글은 필자의 졸고, 「21세기 새로운 연극의 대안으로서 '새로운 사실주의' 의 미학적 의미」, 『드라마연구』 제63호, 2021년에 실린 글을 토대로 수정 작성한 것임을 밝힌다.

고 권위적 메시지를 전달하는 인과론적 흐름에서 벗어나 단편적 글쓰기, 파편적 대사의 삽입 등을 통해 불연속성, 비−위계적 병렬 텍스트와 동시성, 혼종성 그리고 의미에 봉사하기를 거부하는 단어와 직시적 이미지가 만들어내는 물질성으로의 변화를 가져왔다.

이러한 경향은 특히, 프랑스에서 일상극의 대표적 극작가 미셸 비나베르(Michel Vinaver, 1927~2022)의 글쓰기에서 더욱 두드러진다. 『연극에 관한 글쓰기』에서 헤게모니적인 관점을 드러내고자 하는 연극은 공허하며 희망을 사라지게 한다고 언급한 비나베르는 "단어는 생각과 감정의 운반도구가 아니며 행위를 진전시키기 위한 수단도 아니"[2]라고 설명한다. 극적인 역동성이 제한된 반복적인 소시민의 평범한 일상의 삶을 토대로 하는 비나베르의 병렬적 텍스트의 해체적 글쓰기는 1972년의 『물 먹이기』 이후 현실의 일상적인 사건들을 가져온 『구직』(1973), 『일과 나날들』(1979)로부터 시작된다고 할 수 있다. 작가 비나베르는 "무대 공간은 주장하는 곳이 아니라 관객에게 던져지는"[3] 것이라고 설명하면서 직접적인 메시지를 주는 것을 거부한다. 이런 이유로 그의 작품들의 초반부에 나타나는 아무 관계없는 대사들의 난입은 독자들에게 어떤 상황인지 이해할 수 없는 혼란스러움을 제공하면서

---

2   Michel Vinaver, *Ecrits sur le Théâtre*, par Michelle Henry, L'Aire, 1982, p.132.

3   Ibid., p.26.

어떤 일관된 의미를 제공하지 않는다.[4] 또한 그의 작품에서 모든 등장인물은 등가적 위치를 점하며 비-위계적으로 그려진다. 이런 이유로, 비나베르의 작품에서 파편화되어지는 대사들은 의미를 상실하면서 질료적 물성으로 존재한다.

그런데 이러한 작업을 더욱 극단적으로 추구한 프랑스 작가는 발레르 노바리나(Valère Novarina, 1947~)이다. 그는 심리적 교환과는 거리가 먼 단어들, 혹은 카테고리들의 목록을 나열하는 것으로 만족한다. 그에게 언어는 기계적 개념의 연결이 아니며, 하나의 춤이며, 살아 있는 한 물질이다. 그래서 그는 단어들을 내세우고, 빈 무대를 가득 채우는 실제적 물질인 언어들을 탐구한다. 이러한 그의 사유는 자신의 희곡, 『미지의 행위(L'Acte inconnu)』에서 '언어가 재료이고 이 언어가 무대에서 행동한다'[5]고 말한다. 이렇게 나열된 목록의 각 언어는 규정된 규범에서 벗어나며, 스스로의 독자적 물성을 지니게 된다. 이런 상황은 비나베르에게서 비록 덜 극단적으로 드러난다 할지라도, 이들 두 작가의 작품에서 의미로부터 해방된 단어/언어가 그 자체의 질료적 물성으로 드러나는 것은 동일하다. 비나베르는 자신의 작품이 마치 하나의 그림

---

4   이 부분에 대해서는 졸고, 「포스트모던 극작술과 그 한계」, 『21세기 연극예술론』, 연극과인간, 2016 참조.

5   Hugges Le Tanneur, *Rencontre Valère Novalina*, "Le corps du texte", lesinrockuptibles, 2007 Festival d'Avignon(6-27 juiillet), no.604, p.8.

처럼, 단어들은 물감처럼, 혹은 음악적 음표처럼 작동되길 원한다. 그래서 그의 작품에서 의미로부터 벗어난 부유하는 단어들은 물질화된다. 결국, 헤게모니적 메시지를 거부하며, 다양성에 열려 있는 포스트모던적 글쓰기는 어떠한 주도적인 윤리를 갖지 않고자 하면서, '여기/지금'에 존재하는 질료적 권고만을 따르며 이미지의 순수하고 번역할 수 없는 감각적 직접성이 전부가 된다. 또한 이들 작품들은 우연에 맡겨지면서 포스트모던 극작술은 단지 사건의 나열로서 전시될 뿐[6]이라는 비판을 받게 되었다.

그렇다면, 단순히 던져진 오브제의 물성에 머무르는 '전시된' 연극 혹은 대안 없는 해체로 향해가는 예술/연극 작품에서 포스트모더니즘의 탈중심론을 간직하면서 동시에 한 예술가의 사유의 움직임을 담보해낼 수 있는 방법은 무엇일까? 이 두 문제는 사실, 아무것도 주장하지 않으면서 동시에 한 예술가의 독창적인 힘을 드러내야 한다는 모순적인 두 주장이 팽팽하게 대립하고 있는 듯하다. 그래서 포스트모던의 중요한 사상을 견지하면서도 한 예술가만의 독창적 영혼의 흐름을 '보게 하는' 대안을 철학자 자크 랑시에르(Jacques Rancière, 1940~)로부터 배운 근대의 반-재현이 배제했었던 유사성의 소환을 통해 모방적 방식에 대한 깊이 있는 반성적 사유와 함께 그 해결책을 제시하고자 한

---

6   하형주, 『21세기 연극예술론 : 포스트모던 연극에 대한 반성과 정치적인 것의 미학』, 연극과인간, 2016, 41쪽.

다. 이 과정에서 미메시스에 대한 새로운 해석을 가능하게 한 발터 벤야민(Walter Benjamin, 1892~1940)과 테오도르 아도르노(Theodor W. Adorno, 1903~1969)의 미메시스 개념 역시 간략하게 살펴볼 것이다. 사실, 미메시스 개념에 대해 부정적이든 긍정적이든, 이 미메시스는 플라톤으로부터 시작해 아리스토텔레스를 거쳐 여러 철학자들에 의해 다양한 의미로 해석되었다. 특히 전통적 인식론의 주체와 객체의 분리를 극복하고자 했었던 벤야민에 의하면 '미메시스'는 대상을 자신의 것으로 소유하려는 것이 아니라, 오히려 자신을 대상과 닮게 만들고자 한다는 것이다. 그래서 벤야민의 미메시스는 대상을 단순히 모방하거나 재현하는 고대의 전통적 미메시스 개념과 구별된다. 또한 벤야민의 이 사유는 아도르노에게 와서 전통적 인식론의 동일성 사고 비판으로 나아가게 한다.

미메시스에 대한 이러한 토대 위에서, 그동안 연극사에서 다루어지고 이해된 '사실주의'를 고찰해보고자 한다. 사실 '사실주의'는 신고전주의가 팽배했었던 프랑스의 18세기, 드니 디드로(Denis Diderot, 1713~1784)가 신고전주의의 '현실 배제'에 대한 문제점을 지적하며 형성되기 시작했다.

그러다 19세기 프랑스에서 사실주의는, 신고전주의의 사실 배제에 대한 거부와 낭만주의가 가지고 있는 지나친 주관주의를 비판하면서 자연에 있는 모델을 객관적으로 담아내고자 주창하며 등장한다. 이때 논의되었던 당시의 '사실주의'는 아리스토텔레스적 관점에서 드러나는 재현적 사실주의와 플라톤이 배척하고자 했었던 단순히 허상으로서의 모방이라는 관점에서 묘사와 기록적 글쓰기인 '자연적 사실주의'[7]이다. 특히 구스타브 플로베르(Gustave Flaubert, 1821~1880)는, "이브토는 콘스탄티노플과 똑같은 가치가 있기"에 "하나는 어떤 것이든 다른 것과 마찬가지로 동등하게"[8] 쓸 수 있다고 주장하면서 사실상 재현적 사실주의를 해고한다. 그래서 플로베르는 동시대 비평가들에 의해 민주주의적 글쓰기를 행하면서 아무것도 보이지 않게 했다는 비판을 받기도 하였다. 따라서 본 논문에서 다루고자 하는 제3의 '새로운 사실주의'는 위의 두 사실주의와는 구분되면서 단순히 현실을 재생산하는 것과는 다른 미학적 의미를 담아낸다. 이런 이유로, 새로운 극작술의 지평을 확장하고 있는 조엘 폼므라(Joël Pommerat, 1963~)의 작품들, 『두 한국의 통일(*La Réunification des deux Corées*)』(2013), 『이 아이(*Cet enfant*)』(2005)를 통해 '새로운' 사실주의적 글쓰기를 살펴보고자 한다.

---

7 '자연적 사실주의'라는 이 용어는 필자가 자연주의에 대체해 사용하는 용어이다. 이는 사실주의라는 용어가 자연에 있는 모델을 충실하게 담아내고자 했다는 점에서 그 형식에서는 차이를 드러내지 않는다는 점에서 사실주의 범주에 들어가며, 내용에서의 차이를 드러낸다는 점에서 재현적 혹은 자연적으로 설명하고 있다. 이 용어에 대한 설명은 3장 "기존의 두 사실주의"를 다루는 장에서 더 구체적으로 설명될 것이다.

8 Jacques Rancière, *Le destin des images*, La fabrique, 2003, p.134.

그의 극작술을 논하기 전에 먼저, 작가 조엘 폼므라에 대해 간략하게 기술하고자 한다. 1963년 프랑스 로안에서 출생한 폼므라는 연극에 대한 열정으로 다니던 학교를 관두고 18세에 연극배우가 되기 위해 파리로 온다. 하지만 그는 배우에 대해 회의를 느끼고 23세부터는 작가의 길로 들어서기 위해 4년 동안 글쓰기에 전념한다. 이후 2002년 처음 그의 희곡,『극지』가 악트 쉬드(Actes Sud) 출판사에서 출판된다. 그리고 2006년에 폼므라는『이 아이』로 프랑스 평론가협회의 프랑스어 희곡 대상을 받았고,『상인들』로 2007년에 극문학 대상을 받았으며, 2010년에는『서클/픽션들』로, 그리고 2011년엔『나의 차가운 방』으로 몰리에르상을 받았다. 폼므라는『두 한국의 통일』로 2013년에 다시 평론가협회 프랑스어 희곡대상 보마르셰/피가로 최고작가상을 수상한다. 동시대의 문제들에 천착해 글쓰기를 행하는 폼므라는 동시대 정치, 경제, 사회적 제도 하에서 일상적 삶을 살아가는 개인의 문제, 가족, 권력, 사랑 혹은 이상적인 것에 대해 관심을 갖는다. 또한, 앞에서 언급한 비나베르나 노발리나처럼, 폼므라 역시 작가가 진실의 소유자가 아니라고 말하며, 작품에서 권위적 메시지를 주는 것을 거부한다. 그래서 그의 작품에 등장하는 정치적, 경제적 체제하에서 일상적 삶을 살아가는 인물들은 그 사회의 단면들을 말없이 그려낸다. 이는『불화들(troubles)』에서 작가 폼므라가, "연극은 단순히 모사(le simulacre)의 한 장소"[9]라고

9　Joël Pommerat and Joëlle Gayot, *troubles*, Actes Sud, 2007, p.65.

말하고 있는 점에서도 분명히 이해할 수 있다. 폼므라가 자신의 글쓰기는 그냥 다른 이야기를 위한 부차적이거나 핑계[10]일 뿐이라고 설명하는 것처럼, 그의 글쓰기는 모방적 혹은 모사적 방식을 차용한 글쓰기임을 알 수 있다. 하지만 폼므라의 글쓰기에서 드러나는 이 사실주의는 기존의, 좀 더 적확하게 재현적 혹은 자연적 사실주의와는 다른 '새로운' 사실주의적 글쓰기임을 이해해야 한다. 이에 대한 이해를 도모하기 위해 필자는 먼저, 유사성을 소환하는 사실주의적 글쓰기에서 비동일적인 것에 대한 사유로서의 미메시스를 살펴보고자 한다.

2. 유사성의 소환

2.1. 비동일적인 것에 대한 사유로서 미메시스

예술의 모더니티에서 나타난 반-재현의 논의가 반-형상화로 진행된 점에 대해, 철학자 랑시에르는, "미메시스에서 단지 유사성의 절대적 요청만을 보는 사람은, 마치 누드 여성과 싸우는 말들 대신에 채색된 시간만 유지되게 하면서, 모방의 구속으로부터 예술의 고유함이 해

---

10 Joël Pommerat, *Théâtre en Présence*, Actes Sud-Papiers, 2016, p.29.

방된 것으로 예술적 모더니티를 단순하게 생각"[11]한다고 설명한다. 이렇게 근대의 반–재현을 반–형상화로 단순하게 생각하는 이들은, 미메시스가 예술을 짓누르고 예술을 유사성 속에 가둬두는 외적인 제약으로서만 간주하면서 미메시스가 유사성의 어떤 체제임을 놓치는 것이다. 이 철학자에 의하면, 미메시스는 오히려 그 사회가 점유하고 행하는 방식의 이면을 보게 하고 생각하게 하는 것이다. 달리 말하면, 미메시스는 사회가 점유하고 행하는 방식 그 자체로 존재하게 하는 것과의 '분리(la disjonction)'라는 것이다.[12] 랑시에르의 미메시스에 대한 이 사유는, 벤야민의 영향을 받은 아도르노의 미메시스[13] 개념에서 그 단초를 가지고 있다. 사실 이 두 미학자는 미메시스를 통해 관념(Idea/Eídos)의 절대적 우위를 주장하는 전통적 인식론을 거부한다.

사실, 전통적 인식론에서 다루어진 미메시스는 플라톤과 아리스토텔레스의 예술에 대한 논의로부터 비롯되었다. 이데아(Idea)를 지향하는 플라톤의 관점과 형상(Eídos)에 대한 아리스토텔레스의 해석은 예술의 중요한 이론인 미메시스에 대한 해석의 상이함을 가져왔다. 사물의

---

11 Jacques Rancière, op. cit., p.85.

12 Ibid.

13 철학적 배경을 바탕으로 한 미메시스 개념이 주목받게 된 것은 호르크하이머와 아도르노의 『계몽의 변증법』(1944)에 이르러서임을 최성만은 자신의 글들에서 밝히고 있다 ; 최성만, 「발터 벤야민의 미메시스론」, 『독일어문화권연구』, vol.5 1996, 176~177쪽.

비감각적인 본성이 참된 실재(Idea)라고 생각하는 플라톤은 어떠한 지식(épistème)도 제공하지 않고 단지 억견(doxa)만을 제공하는 감각적인 지각과 이데아(IDEA)를 구별한다. 이러한 관점은 이 철학자의 저서,『국가』를 통해 잘 드러난다. 플라톤은『국가』10권에서 실재와는 거리가 먼 유사성만을 모방해내는 극시인과 화가의 모방은 실재에 도달하기는커녕 그것을 감지할 수조차 없다고 말한다. 그래서, 이 철학자는 극시인을 환상과 무지의 영역에서 작업하는 '유령 창조자'라 부르며 도시로부터 추방하고자 하였다. 플라톤은 이렇게 극시인들이나, 이 철학자에 의하면, 그림자의 그림자를 만드는 화가가 창조해내는 작품을 허상이라 칭하며 참된 인식에 도달할 수 없다는 이유로 거부한다. 이렇게 플라톤은 이데아로부터 세 번째 단계인 미메시스가 참된 진리를 인식하지 못한다고 하며, 미메시스보다 사유에 의한 에피스테메를 우위에 둔다.

아리스토텔레스에게 와서 플라톤이 주장한 미메시스는 의미의 변화를 가지게 된다. 아리스토텔레스는 이데아계만이 실재하며 감각적 세계의 어떤 것도 실재적인 것이 아니라는 플라톤의 미메시스 개념을 부정한다. 아리스토텔레스에게는 이 감각적 세계 역시 중요한 대상이다. 아리스토텔레스는 플라톤으로부터 이데아(IDEA)와 동일한 관념론적 개념인 형상(Eídos)을 취하기는 하지만, 아리스토텔레스에게서 형상은 질료(hyle)에 내재하며 이 질료적 사물이 자신을 나타내는 근거이다. 다시 말해 형상은 개념이자 사물이며 동시에 현실적이며 이념적 원인(原因)이다. 플라톤의 미메시스에 대한 문제제기가 아리스토텔레스로 하여금 그의『시학』에서 미메시스의 새로운 장을 열게 한 것이다. 이 책에서, 아리스토텔레스는, 미메시스를 서사시와 비극과 희극, 디튀람보스, 플루트와 키타라와 같이 모든 예술의 기본 원리로 설명하며 미메시스 개념을 확장한다. 또한, 미메시스는, 아리스토텔레스에 의하면, 인간 본성의 하나로서 설명되며, 무엇보다 중요한 것은 화가에 의해 그려진 초상화를 통해 그 사람이 누구인지 인식 가능[14]하게 한다는 것이다. 이렇게 예술창작 과정이 의존하게 되는 기본적 토대로서 미메시스를 언급하면서 아리스토텔레스는 미메시스의 복권을 주장한다. 그리고 아리스토텔레스는,『시학』25장에서 미메시스와 실재와의 관계를 설명하는 과정에서, 시인은 '사물의 과거나 현재의 상태, 사실일 듯(vraisemblable)한 것의 법칙으로 혹은 마땅히 존재해야 하는 필연성의 법칙에 따라 일어날 수 있는 것을 말하는 것'[15]이라고 설명한다. 그런데, 이때 아리스토텔레스 역시, 플라톤과 마찬가지로, 미메시스를 재현의 대상과 재현하는 것 사이의 정태적 관계에서 다루고 있음을 알 수 있다.

바로 이 관점으로부터, 벤야민은 미메시스에 대해 관념(Idea/Eídos)의

---

14 Aristote, trad., par Roselyne Dupont-Roc et Jean Lallot, *La Poétique*, Seuil, 1980, 1447a14-15, 1448b6-16.

15 Ibid., 1460b9-10.

절대적 우위를 주장하는 인식론을 거부하며, 서구의 전통적 인식이 주체와 객체를 분리하며 대상을 '자기화'하려는 것이라고 비판한다. 말하자면, 벤야민은 주체를 중심으로 발생하는 미메시스와는 다른, "우주에 존재하는 형상에 자신을 완전하게 동화하는 일",[16] 즉 그 사물과 유사해지고자 하는 행위인 미메시스를 전통적인 미메시스와 구분한다. 벤야민은 미메시스의 기원을 선사시대 제의적 춤들, 인간의 고유한 행동양식, 의태에서 발견하며, 미메시스가 스스로를 어떤 것에 동화시키려고 하는 것으로 규정한다. 이는 주체적 관점에서 대상/자연을 지배하려는 것이 아니라, 자연에 순응하는 행동을 의미한다. 이때 특기할 점은, '전승된 신화가 비극에 의해 재구성되면서 그 신화에서 지배적인 운명의 질서가 승인되지만, 이와 동시에 그 질서가 의문시되고 있다는 것이다. 말하자면 신화를 모사하는 가운데 그 신화 자체를 수정하는 비극에서 미메시스의 변증법적 구조가 드러난다는 것이다.'[17] 이렇게 벤야민은 기존의 주체 중심의 재현의 대상과 재현하는 것 사이의 정태적 관계를 벗어나, 미메시스를 주체와 대상 사이의 역동적 관계로 이해한다.[18] 이때, 미메시스적 과정의 역동성은 자기 전복적 구

---

16 발터 벤야민, 「미메시스 능력에 대하여」, 『언어일반과 인간의 언어에 대하여』, 최성만 편역, 서울 : 길, 2008, 213쪽.

17 최성만, 「발터 벤야민의 미메시스론」, 189~190쪽.

18 최성만, 「미메시스와 미메톨로지-아도르노의 미메시스 구상과 오늘날의 미메시스론 연구」, 『뷔히너와 현대문학』, vol.18, 2002, 231쪽.

조를 갖는다. 다시 말하자면, 실천적 의미에서 미메시스적 활동은 대상을 모방하고 재연하는 가운데 그 대상이 지닌 마법적 힘을 전달받는다. 그래서 미메시스는 "대상을 복제 내지 재현한다는 의미라기보다" 대상을 극복한다는 의미[19]로서 이해해야 한다는 것이다. 이렇게 벤야민은 대상을 주체화 혹은 '자기화'하는 전통적 인식에 반해 자신을 대상과 닮게 만드는 미메시스를 높이 평가한다.

벤야민의 이 개념은 아도르노에게 영향을 미친다. 막스 호르크하이머(Max Horkheimer, 1895~1973)와 함께 아도르노는 『계몽의 변증법』에서 '계몽은 자연의 공포로부터 인간을 해방시키고 인간을 주인으로 세운다는 목표를 추구해왔지만, 인류는 진정으로 인간적인 상태에 들어선 것이 아니라 새로운 종류의 야만 상태에 빠졌다고 비판한다. 이는 계몽이 자연지배를 진행하는 과정에서 반성적 사유를 해야 하는 이성이 오히려 지배를 위한 도구로 전락했기 때문이라고 아도르노는 설명한다.'[20] 따라서, 비판 능력을 상실한 도구적 이성에 대한 비판과 함께 현대 후기자본주의 사회에 만연한 비판의 위기에서, 현실의 고통에 장소를 마련해주고 비판을 무력화시키는 지배 메커니즘에 저항하기 위

---

19 최성만, 「발터 벤야민의 미메시스론」, 발터 벤야민, 『언어일반과 인간의 언어에 대하여』, 190쪽.

20 Th.W. 아도르노 · M. 호르크하이머, 『계몽의 변증법』, 김유동 역, 문학과지성사, 2003, "계몽의 개념" 과 "문화산업" 참조.

해 아도르노는 미메시스를 도입한다.

『계몽의 변증법』[21]에서 아도르노 역시 미메시스 개념을 선사시대의 주술 속에서 그 기원을 찾는다. 아직 주체와 객체가 분리되지 않은 상태에서, 인간이 타자와 관계하는 방식인 미메시스는 스스로를 사물에 동화시키는 것으로, 전통적 인식론의 객체를 주체화하는 동일성 사유와는 대립된다. '전통적 인식론에서 '주체화'하는 자기중심적 사유는 미메시스적 주술을 금기시할 뿐 아니라 대상을 실제로 만나는 인식을 금기시했다'[22]고 설명한다. 또한, 아도르노는『부정의 변증법』에서 전통적 인식론이 가지고 있었던 이러한 동일성 사유가 억압하는 비동일성을 사유하는 태도로서 미메시스를 언급한다.[23] 말하자면, 아도르노에게서 미메시스는 지배적 합리성에 대한 비판적 기능을 갖는다. 이 책에서 아도르노는 '개념과 철학의 자기비판으로서 자기 자신에 거스름으로써 비동일적인 것에 대한 의식을 동일성을 관통하면서 보전하는데, 여기서 부정성은 이중의 부정을 통해 긍정적인 것[24]으로 증

---

21 아도르노는『계몽의 변증법』에서 처음으로 미메시스 개념을 사용하며 이후 그의『미학이론』에 이르기까지 미메시스는 중요한 개념으로 존재한다.

22 Th.W. 아도르노 · M. 호르크하이머, 앞의 책, 38쪽.

23 Theodor W. Adorno, *Dialectique négative*, trad., par le group de traduction du Collège de philosophie, Payot, 2001, p.149.

24 아도르노는 '부정의 부정을 긍정성이라고 생각하는 자는 추상적 형태로 이루어지는 철학의 관념론적 기만, 혹은 정당화 자체 따위를 노획품으로 챙기며 부정의 부정은 다시 동일성으로, 새로운 기만으로 될 것'이라고 설명하고 있다.

발되지 않는 것'[25]이라고 부정의 변증법을 설명한다. 아도르노의 사유에서, 미메시스는 타자와 유기적으로 비슷해지는 것으로써 비동일적인 것, 타자를 사유하는 태도를 특징짓는 개념으로 자리 잡는다.[26] 그래서 미메시스는 대상을 주체의 목적하에 두지 않고 대상으로 하여금 스스로 말하도록 하는 유토피아적 목적을 지닌다. 달리 말하자면, 미메시스는 일의적으로 파악될 수 없고 오로지 '성좌(la constellation)' 구조속에 그것이 위치해 있는 가운데서만 파악될 수 있다. 이러한 사실은 『부정의 변증법』에서도 직접 언급된다. 아도르노는 '성좌만이 개념이내부에서 잘라내어 버린 것을 외부로부터 재연한다. […] 개념들은 자신이 인식할 사물 주변에 모여들면서, 그 사물의 내부를 잠재적으로 규정하며, 사유가 자신으로부터 필수적으로 적출해버린 것을 사유하면서 도달할 수 있다'[27]고 설명한다. 따라서 전통적 인식론하에서 행해진 "문명이 미메시스적 존재방식을 금지하는 것을 자신의 존재 근거

(Theodor W. Adorno, op. cit., p.158, 아도르노, 테오도르, 『부정의 변증법』, 홍승용 역, 한길사, 2003. 237~238쪽 참조.)

25 Theodor W. Adorno, *Dialectique négative*, pp.156~157.

26 자크 데리다(Jacques Derrida) 와 특히 필립 라쿠−라바르트(Philippe Lacoue−Labarthe) 역시 "미메시스에서 단순한 복제와 모방의 기능을 넘어 모방 대상의 존재와 의미의 안정된 구조를 뒤흔드는 측면을 추적하기도 한다"는 점에서 후기구조주의는 벤야민과 아도르노의 미메시스와의 유사성을 갖는다. (최성만, 앞의 논문, 233쪽 참조)

27 Theodor W. Adorno, *Dialectique négative*, p.160.

로 삼았다면, 예술은 미메시스에 대한 기억의 흔적이며" "미메시스적 태도의 은신처"가 된다.[28] 그래서 예술적 미메시스는 개념적이지 않은 유사성으로써 주체가 설정한 주체의 우위를 상대화하고 타자의 비동일성, 파악할 수 없는 것, 수수께끼성을 향한 시각을 열어준다.

살펴본 바와 같이, 이 두 미학자의 도움으로 미메시스는 더 이상 대상을 '자기화'하는 것이 아니라, 대상과 닮고자 하는 유사성으로서 비동일적인 것을 사유하게 하는 시각을 열어주는 것으로 정립된다. 이 미메시스 개념을 간직하면서, 필자는 이제 근대의 반-재현과 '재현 불가능성'이 가져온 반-형상화로의 이행이 배제했었던 미메시스의 차용가능성, 좀더 정확하게 유사성의 차용 가능성을 철학자 랑시에르의 도움을 받아 살펴보고자 한다.

2.2. '재현 불가능성'으로부터 배제된 유사성의 소환

포스트모던 예술에 대한 반성과 함께 철학적 논의를 개진하고 있는 랑시에르는 장-프랑수아 리오타르(Jean-François Lyotard, 1924~1998)의 "재현 불가능한 것(l'irreprésentable)"이라는 문제를 포스트모더니즘의 도래에서 야기된 반-재현이 가진 논의와의 연관성을 가지며 질문한다.

---

28 노명우, 『계몽의 변증법을 넘어서-아도르노와 쇤베르크』, 문학과지성사, 2002, 126쪽.

모던 예술이 주장했던 반-재현, 즉 재현에 대한 단절은, 17~18세기에 있었던 재현 개념, 즉 말의 가시성, 행위의 우월성에 의해서 요구된 포이에시스(poiesis)와 아이스테시스(aisthesis)[29] 사이의 결정된 관계, 그리고 현실과 허구의 합리성의 분리를 주장했었던 이 세 가지 유사성에 대한 단절[30]이라고 설명한다. 다시 말하자면, '첫째는, 볼 수 있는 것이 말에 종속된다는 것이다. 말하자면, 재현은 보게 만들지 않는 과소결정, 즉 예술에 고유한 감성적 제시를 은폐하면서 행하는 말의 가시성이라는 억압이 있었다. 둘째, 시나 회화를 하나의 이야기에 동일시하면서 행위의 우위에 의해 요구되는 앎의 효과와 파토스의 효과사이의 관계의 조정에 대한 억압이다. 말하자면, 앎의 효과와 파토스의 효과 사이의 관계는 행위들 사이의 인과적 연쇄라는 이해 가능성의 형식에 종속된다. 이 논리에 의하면, 행위와 이를 통해 드러내는 감성이 동일해야 한다는 것이다. 이를 위해, 코르네유(Pierre Corneille, 1606~1684)는 소포클레스의 『오이디푸스 왕』에서 너무 많은 진실을 미리 말한 테이레시아스를 극에서 추방하고, 오이디푸스가 알고자 하면서 듣기를 거부했던 파라독스적 논리 구조를 배제한다. 그런데 랑시에르에 의하면, 이 파

---

29 poiesis(고대 그리스어 ποιησις)는 제작, 생산 혹은 창조를 의미한다. 그리고 aisthesis는 감각적 지적 지각이나 감성적 인식을 의미한다. 하지만 이 용어가 가지고 있는 의미를 단순히 우리말로 번역하기에는 그 의미 층위가 커 그대로 사용한다.

30 Jacques Rancière, *Le destin des images*, p.131.

라독스적 구조야말로 비극의 윤리관을 특징짓는 앎의 파토스라는 것
이다. 그럼에도 코르네유에게서 이 파라독스적 요소는 추방된다. 뿐만
아니라, 코르네유의 『외디프』에서 오이디푸스는 라이오스의 딸이며,
자신의 여동생인 디르세와 자신의 혈통에 의심을 품고 있는 디르세의
구혼자인 테제와 함께 신탁이 지목했을 수도 있는 세 사람 중의 한 명
으로서 존재한다. 이렇게 하면서, 코르네유는 비극의 윤리적 파토스를
극적 행위의 논리로 환원시킨다. 그리고 마지막인 세 번째는, '사실임
직함'과 '적합성'의 내재적 기준에 맞게 현실적인 사실들과는 분리된
허구적 합리성이었다.'[31] 달리 말해, 픽션과 현실 경험적 사건 사이의
분리는 재현적 체제의 본질적 요소 중 하나였다.

이런 이유로 모던의 반-재현 운동에서 거부하고자 했었던 논리는
위에서 언급한 재현적 체제의 세 가지 논리로서 말의 가시성, 포이에
시스와 아시스테시스의 결정된 관계 그리고 '사실임직함'과 '적합성'의
내재적 기준에 종속된 말과 이미지들의 일반적인 유용성이었다. 랑시
에르에 의하면, 모던 예술의 재현적 체제와의 단절이 의미하고자 했었
던 것은 모방적 방식에 의한 '유사성' 자체를 배제하는 것이 아니라, 위
의 세 가지 억압에 관련된 유사성으로부터의 해방을 의미하는 것이다.
그래서 모던 예술에서 주장한 반-재현은 더 이상 유사성을 거부하는
것이 아님을 이해할 수 있다. 달리 말하면, 재현적 체제와의 단절은 모

---

31 Ibid., pp.129~132.

방적 방식에 의한 '유사성'을 무조건 배제하고자 하는 것도, 형상화에 대한 거부도 아니었음을 랑시에르의 사유에 힘입어 이해할 수 있다.

그리고 이때, 랑시에르는 미메시스에서 다만, 유사성의 절대적 명령만을 보는 이들은, "예술의 모더니티를 모방이라는 구속으로부터 예술의 고유함이 해방되는 것"[32]이라고 단순하게 생각한다고 지적한다. 그런데, 리오타르는, 재현이 가지고 있는 동일화와 현실적인 이데올로기를 벗어나지 못하는 한계를 지적하면서 "예술의 감각적 물질성과 개념의 법칙 사이의 단절"[33]을 숭고[34]의 미학으로 설명하면서 현대 예술가의 임무란 더 이상 말할 수 없고 볼 수 없는 실재들의 '재현 불가능성'을 증언한다. 리오타르의 숭고한 예술은 "재현될 수 없는 것을 증언하라는 임무를 부여"받는데, 이는 바로 "상징적 예술의 극한적인 순간으로서의 숭고라는 헤겔식의 숭고 개념"[35]이라고 랑시에르는 지

---

32 Ibid., p.85

33 Jacques Rancière, *Malaise dans l'esthétique*, Galilée, 2004, pp.119~120.

34 숭고는 증명되거나 제시될 수 있는 것이 아니라 갑자기 다가와서 흔들어놓고 느끼게 하는 어떤 경이로운 것이기에 불완정성, 추함조차도 이런 충격효과에 기여할 수 있다. 그래서 숭고의 예술은 자연을 모방하는 것이 아니라 '사이(entre)-세계' 혹은 이웃세계를 창조하는 것이다. 이 세계 속에서 어마어마한 것 혹은 비정형적인 것이 숭고한 것일 수 있다. 이것이 바로 숭고의 미학과 더불어 '비규정적인 것', 비현시적인 것(l'impresentables)을 증언하고 암시하고 가시화하는 포스트모던 미학의 임무처럼 규정된다.

35 Jacques Rancière, *Le destin des images*, pp.150~151.

적한다. 이 철학자에 의하면, 헤겔에게서 '상징적 예술의 고유함은 이념에 대해 물질적 재연의 양태를 발견할 수 없는' 것으로서, 결국, "헤겔적인 기계를 고장내기 위해 소환된 예술 개념은 헤겔식의 숭고 개념과 다름없다"[36]라고 단언하였다. 이렇게 리오타르의 논리에 대해 반박하면서, 랑시에르는 리오타르의 포스트모던적 '재현 불가능성'에 대한 주장은 예외적인 예술에서 고유한 언어양식과 일정한 형태 안에서만 현시되어질 수 있는 사물들이 있다는 것을 확신하는 것이라고 말한다. 랑시에르는 어떤 주제에도 고유한 형식과 언어는 더 이상 존재하지 않는다고 말하며 이를 비판한다. 이런 이유로 랑시에르는 모던 예술이 주장했던 반-재현과의 단절이 궁극적으로 유사성과의 단절이 아님을 설명하며 모방적(mimétique) 방식의 차용 가능함을 제시한다.

살펴본 것처럼, 이제 '유사성'의 차용 가능성과 이 유사성을 산출하는 미메시스, 즉 비동일적인 것을 사유하는 미메시스가 일의적으로 파악되는 것이 아니라 성좌구조 속에서만 파악 가능함을 이해하며 이 '새로운 사실주의'를 단순한 시뮬라크르와 구별하면서 살펴보고자 한다.

---

36 Ibid.

3. '새로운 사실주의'

모방적 방식을 통한 유사성의 차용이 가능해지며 '새로운' 제3의 사실주의로의 토대를 마련해준다. 그런데, 위에서 언급한 것처럼, 이 '새로운 사실주의'에서 차용 가능한 모방적 방식, 미메시스는 복사물과 원본 사이의 관계로서 이해된 유사성이 아니며, 예술을 압박하고 예술을 유사성 속에 가둬두는 외적 제약이 아니다. 게다가 이 미메시스는 더 이상 대상을 '자기화'하는 것이 아니라, 대상과 닮고자 하는 유사성으로서, 비동일적인 것을 사유하게 하는 시각을 열어주는 것이다. 그래서 이 미메시스는 행하는 방식들의 질서와 사회적 점유들의 주름으로 예술을 볼 수 있게하고 생각할 수 있게 하는 것이며, 그리고 예술을 단순히 그 자체로 존재하게 만드는 사회적 점유와의 분리이다.[37] 이러한 관점에서 살펴보고자 하는 '새로운 사실주의'는 일반적으로 알고 있는 두 가지 사실주의, 즉 재현적 사실주의와 자연적 사실주의[38]와는 분리된다. 그래서 제3의 '새로운 사실주의'를 언급하기 전 기존의 두 사실주의를 먼저 살펴볼 것이다.

---

37 Ibid., p.85.
38 앞의 각주 6에서 설명한 것처럼, 필자는 기존의 용어, 사실주의와 자연주의를 '재현적 사실주의'와 '자연적 사실주의'로 명명함으로써 이들 용어에 대한 오류를 피하고 이해를 도모하고자 한 것이다.

3.1. 기존의 두 사실주의

일반적으로 사실주의라는 용어는 1821년『19세기 메르쿠리우스(Le Mercure du dix-neuvième siècle)』잡지에서 "사실의 문학"을 다루는 익명의 기사에서 유래되었다. 이 기사에 의하면, 사실주의는 자연에 있는 모델을 충실하게 재생산하고자 하는 의지로서 작가들과 화가들의 작품에서 나타나는 경향을 의미한다. 그런데 여기서 짚고 넘어가야 하는 것은 '자연'에 있는 모델이라 할 때 사용된 '자연'의 개념이다. 아리스토텔레스에게서 '자연(physis)'은 가시적 사물들만 아니라, 이 자연 안에는 사물의 생성원리, 사물을 산출해내는 힘을 모두 포함한다. 르네상스의 영향과 함께 근대에서도 자연은 눈에 보이는 가시적인 것이면서도 동시에 가시적인 것을 생산해내는 힘, 능산적 자연(natura naturans)으로 이해되어졌다. 이러한 개념과 함께 초기 사실주의는 작품에서 인물들을 평범하며 현실에 있는 그대로의 모습으로 그리면서도, 인간을 지배하는 외부의 환경과 이것과 싸우는 인간의 모습을 담아내고자 했다. 그리고 동시대 개인들의 삶과 도덕을 주제로 현실세계를 정확하게 재생산하여 그 추악한 이면을 폭로하고자 하였다.

그런데, 자연에 있는 모델을 충실하게 재생산하는 사실주의 기본 정의하에서, 당시 클로드 베르나르(Claude Bernard, 1813~1878)는 자신의 책,『실험의학 연구개론서(L'étude de la médecine expérimentale)』(1865)를 통해 당시 대중화되었던 과학적 영역에서의 경험적 방법에 매료되어 유전과 알콜리즘과 같은 현상을 객관적으로 분석하고자 하였다. 이후 에밀 졸라(Emile Zola, 1840~1902)는 『테레즈 라캥』의 2판(1868) 서문에서, 자신은 이 작품을 통해 신경질적인 인물, 테레즈와 다혈질적 인물, 로랑을 통해 기질 연구를 하고자 했으며, 마치 해부학자가 시체에 대하여 행하는 것과 같은 작업을 하였다고 서술하고 있다. 이후, 졸라는 자신의 유명한 에세이, 「실험 소설(Le Roman expérimental)」(1880)에서, '자연주의'라는 용어를 처음 사용한다. 졸라의 설명처럼, 이 자연주의는 재현적 사실주의와는 달리 마치 임상실험을 행하듯 단순한 기록적 글쓰기로서 주제와 행위들의 위계에 종속된 대사 체제로부터 해방된 글쓰기이다. 그런데, 이 두 글쓰기(초기 사실주의와 자연주의)가 공통으로 근간하는 사실주의의 개념, 즉 '자연에 있는 모델을 충실하게 재생산한다'는 점에서 자연주의 역시 사실주의의 개념하에 포섭된다. 이런 이유로 필자는 한국 연극계에서 지속적으로 혼란스럽게 사용되고 있는 두 용어를 다음과 같이 명명하고자 한다. 즉, 초기 사실주의에서 이루어지는 가시적인 것의 원인을 드러내며 사회의 문제점을 비판하고자 한 사실주의를 '재현적 사실주의'로, 그리고 묘사와 기록적 글쓰기를 행했던 자연주의를 '자연적 사실주의'라고 명명하고자 한다.

첫 번째, 재현적 사실주의를 살펴보고자 한다. 아리스토텔레스의 철학적 개념과 함께하는 재현적 사실주의는 이 고대의 철학자의 『시학』에서 그 의미가 더욱 분명해진다. 『시학』에서 이 철학자는 픽션의 산출에 의한 시의 제작을 으뜸으로 놓는다. 이때 이 픽션은 단순한 경험적 사건들의 나열이 아니라, 행동들의 구성으로서, 인과적 질서와 위계적 인물들에 의한 행위들을 구성, 배열하는 것이다. 이때 행동들의 인과적 배열은 시뮬라크르의 제조가 아니라, 바로 그의 철학적 사상, 질료형상론, 즉 가시적인 질료들 속에 이 질료들의 원인이 되는 '형상인'이 존재한다는 개념과 함께 하나의 행위를 산출하는 데 있다. 이 재현적 사실주의는 하나의 행위만을 강조하면서, 모든 사지는 오로지 머리를 위해 존재하는 것처럼 유기적 총체성으로 존재한다. 이 경우 헝가리의 미학자, 게오르크 루카치(Georg Lukács, 1885~1971)의 유물론적 사실주의, 사회주의적 사실주의 혹은 반영론[39]이라고 불리는 사실주의 역시 이 재현적 사실주의에 포섭된다. 루카치가 미메시스를 '객관적 현실의 반영'으로 설명했을 때, 이 반영은, 현실이 나아가는 방향과 법칙을 드러내는 총체성을 파악하게 해야 한다는 것으로 현실에 대한 인식을 드러내는 것이다. 그래서, 재현적 사실주의 작품들에서 그 사회의 모순을 부각시키고 그것을 헤쳐 나아가는 인간의 노력, 갈등과 희망을 그려낸다.

두 번째, '자연적 사실주의'는, 앞에서 설명한 것처럼, 프랑스에서 사실주의라는 용어가 1821년 처음으로 『19세기 메르쿠리우스』 잡

---

[39] 루카치 스스로는 '반영'이라는 표현보다는 미메시스라는 용어를 선호하였지만 유물론 미학에서 종합된 그의 리얼리즘은 미메시스라는 용어보다는 위에 언급된 용어를 더 많이 사용하고 있다.

지에서 언급된 후, 에밀 졸라에 의해 문학작품이 단순히 임상적 결과를 기록하는 것과 마찬가지임을 자신의 소설 『테레즈 라캥』을 통해 보여주었다. 또한 공쿠르 형제(Frères Goncourt–Edmond(1822~1896) et Jules(1830~1870)) 역시 『저널(Journal: Memoire de la vie litteraire, 1851-1896)』에서 이 사실주의 작품이 '기록물'에 해당한다고 언급한다. 자연적 사실주의는 자연의 충실한 모방으로서 묘사 중심의 글쓰기를 행한다. 이러한 글쓰기는 '보게 만들지 않는 가시적인 것을 우위에 두는 것이며, 이는 행위로부터 이것의 이해 가능성의 힘을 박탈하는 시각적인 것'[40]이다. 이러한 사실은 19세기 비평가들이 플로베르의 글의 특성을 민주주의적 글쓰기라고 하며 비판한 점에서도 이해할 수 있다. 민주주의적 글쓰기를 통해, 담론을 파괴하고 행위를 마비시키는 시각적인 것의 평등은 이렇게 재현적 무대에 대립된다. 그래서 이 '자연적 사실주의'는 아리스토텔레스가 시의 유기적 총체성을 주장한 것을 역전시킨다. 말하자면, '자연적 사실주의' 글쓰기에서 나열된 사건들로서 개별적인 것, 정서적으로 영향을 끼치는 각각의 작은 지각은 재현적 사실주의가 주장한 유기적 총체성을 대체한다. 그래서 이 글쓰기에서는 다만 사물들의 감각적 물성만이 존재한다. 또한 자연적 사실주의는 모든 단어들을 동일한 가치로 만들었으며, 고귀한 사람과 비속한 사람, 서술과 묘사, 인간과 사물들 간의 모든 위계를 파기한다. 바로 여기에서 재현적

---

[40] Jacques Rancière, *Le destin des images*, p.137.

체제의 미학적 폐기가 이루어지는 것이다. 그럼에도, 포스트모던 예술 체제에서 '재현 불가능한 것(l'irreprésentable)'을 주장한다는 것은 '재현적 체제로부터 벗어난 이 자연적 사실주의 체제에서, 다시 말해 '보여줌의 과정과 의미 작용의 과정의 적합한 연결로부터 제거된 사건과 상황들이 있다는 것을 의미할 수 없게 되는 것'[41]임을 드러내 보여준다고 랑시에르는 설명한다.

그런데, 이 '자연적 사실주의'의 글쓰기는 너무 많은 것을 보여주고자 하면서 방황하는 말들과 함께 어떤 것도 보여주지 않는다. 이제 모방적 방식을 통한 유사성의 차용과 함께 방황하는, 내용에 대한 형식의 무관심을 드러내는 이 이미지들은 어떻게 예술가의 유희하는 사유의 움직임을 드러내며 '보게 하는' 글쓰기를 가능하게 하는지 그 가능성을 제 3의 '새로운 사실주의'를 통해 살펴보고자 한다.

3.2. '새로운 사실주의'

'새로운 사실주의'는 유사성을 소환하였지만, 앞의 두 사실주의, 즉 '재현적 사실주의'와 '자연적 사실주의'와는 구분된다. 이 '새로운 사실주의'는 재현적 사실주의와 달리, 내용에 대한 형식의 무관심을 드러내며 재현적 규범에 반대하면서 말의 오래된 미메시스, 말의 가시성

---

41   Ibid., pp.138~139.

에 반대한다. 또한, '새로운 사실주의'는 자연적 사실주의와 달리, 방황하는 말들의 단순한 전시에 머무르지 않는다. 그렇다면, 제 3의 '새로운 사실주의'는 어떻게 작동되는가? 이 '새로운 사실주의'는, 한편으론 의미의 단절로서 불투명하고 '우둔한' 이미지로서 정보적 흐름을 단절하는 순수한 가시적인 덩어리로 드러난다. 또한 동시에, 이 '우둔한' 이미지는 "얼굴이나 오브제에 쓰여 있는 어떤 이야기의 독해 가능한 증언"[42]을 행한다. 이 '우둔한' 이미지라는 용어에서 "우둔함"은 아도르노의 표현에 의하면 일종의 '상처자국'이다. "어떤 부분에서 우둔함을 드러낸다는 것은 그 부분의 근육활동이 애당초 촉진되기보다는 지장을 받았다는 것을 말해"[43]준다고 아도르노는 설명한다. 그래서 '우둔한' 이미지는 한편으론, 의미 작용의 상실과 함께 방황하지만, 다른 한편으론 이미지의 표면에 새겨진 상처자국, 흔적을 드러낸다. 그리고, 이 '새로운 사실주의'의 중요한 세 번째는, 이 흔적들의 의미 작용을 대립된 방식으로 해석하는 가능성을 산출해낸다는 것이다. 그래서 기대를 낳는 동시에 기대를 어기는 이 우둔한 이미지는 모자이크되면서, 우둔한 이미지의 흔적들의 의미 작용을 역전시키는 시학을 창출하며 유희하는 새로운 사유의 움직임을 그려낸다.

이런 이유로 '새로운 사실주의'에서 차용하는 미메시스는 그 사회가

---

42   Ibid., p.20.
43   Th.W. 아도르노 · M. 호르크하이머, 앞의 책, 380쪽.

점유하고 행하는 방식의 이면을 보게 하며, 사회의 점유와 행하는 방식 자체와의 분리를 드러내게 된다. 그래서 미메시스는 한편으로 특정한 목적에 의한 모방으로부터 분리를 행하고, 다른 한편으론 유사성의 합법적 사용을 규정했던 종교적, 윤리적 혹은 사회적 기준들로부터 벗어나게 하는'[44] 것이다. 또한, 사회의 이면을 생각하게 한다는 점에서 미메시스는 그 사회에서 이름 없이 살고 그 사회의 상징적 구성 속에서 셈해지지 않은 자, 비동일적인 것에 열려 있음을 알 수 있다. 이런 관점에서, 프랑스의 극작가 조엘 폼므라(Joël Pommerat, 1963~)의 작품, 『이 아이』, 『두 한국의 통일』을 통해 이 '새로운' 제3의 사실주의의 우둔한 이미지와 역전된 이미지의 시학을 살펴보고자 한다.

4. 우둔한 이미지

4.1. 의미 작용을 상실한 방황하는 말

폼므라의 〈두 한국의 통일〉은 임혜경 번역과 카티 라팽 연출에 의해 2016년 3월 대학로 미마지아트센터 눈빛극장에서 공연되었다. 이 작품에서 작가 폼므라는 동시대 정치, 경제, 사회제도하에서 살아가고

---

44 Jacques Rancière, *Le destin des images*, p.85.

있는 개인의 일상적 삶을 다룬다. 총 20개의 에피소드로 구성된 〈두 한국의 통일〉은 개인의 일상적 삶에서의 이혼, 결혼, 돈, 죽음, 임신, 사랑 등을 주제로 현대를 살아가고 있는 소시민의 모습들을 단편적으로 그려낸다. 작가 폼므라는 작품에서 언어의 의미에 저항하며 작품에서 직접적인 메시지나 의미를 전달하고자 하는 데 저항한다. 작가 스스로, "연극은 모사(simulacre)의 한 장소"[45]일 뿐이라고 말하는 것에서도 알 수 있듯이 각 에피소드들은 직접적 의미를 드러내지 않는다. 그래서, 폼므라의 작품, 〈두 한국의 통일〉에서 각각의 에피소드들은(이혼/나의 부분/청소/이별/결혼/죽음/사랑의 묘약/돈/열쇠/사랑/기다림/전쟁/아이들/기억/사랑으로는 충분치 않아/우정/가치1/가치2/임신/가치3) 병렬적으로 나열되어 의미 작용을 벗어나 독립적이다. 그리고 〈이 아이〉는 부모와 자식의 관계에 대한 열 개의 에피소드들로 구성된다.

의미 작용에서 해방된 폼므라의 글쓰기는 작가 스스로, "모사의 장소"일 뿐이라고 말하는 것에서도 분명하게 이해할 수 있듯이, 그의 작품에서 에피소드들은 마치 만화경의 이미지처럼 드러날 뿐 아니라 각 에피소드는 대립적이 되기도 한다. 이러한 예를 가장 극명하게 보여주는 〈두 한국의 통일〉에서 두 에피소드 "이혼"과 "사랑으로는 충분치 않아"를 살펴보자.

먼저, 이 작품의 첫 번째 에피소드인 "이혼"에서 50대의 한 여자가

---

45 Joël Pommerat and Joëlle Gayot, *troubles*, Actes Sud, 2007, p.65.

가정법률상담원으로 추정되는 목소리만 들리는 상대방 여자에게 자신이 남편과 이혼을 해야 하는 상황을 설명하고 있다.

여자 목소리 왜 이혼하시려는 거예요?

여자 우리 사이에 사랑이 없어서요.

여자 목소리 그러니까 결혼하신 지 오래되셨군요. 처음부터 그랬나요, 아니면…

여자 처음부터 그랬어요.

여자 목소리 이제 자식들이 각자 자기 인생을 살고 있으니까, 당신은 떠나고 싶으신 거군요. 그래요?

여자 남편은 아주 좋은 사람이에요. 내가 그 사람을 비난할 게 전혀 없어요.

훌륭한 아빠였고 우린 한번도 싸워본 적이 없어요. 우리는 좋은 아파트에 살고 있고요. 둘 다 실내악을 좋아해서 실내악 그룹에 등록도 했어요. 그래서 우린 실내악을 해요.

여자 목소리 모두 다 아주 좋아 보이는데요.

여자 **아주 좋죠, 네 하지만 우리 사이엔 사랑이 없어요. 있어본 적이 없어요.**[46]

그리고 작품의 열다섯 번째 에피소드, "사랑으로는 충분치 않아"에서 밤에 여자가 갑자기 떠나야겠다고 하는 이유로 사랑으로는 충분치 않다고 남자에게 말하고 있다.

---

46 필자가 굵은 글씨체로 강조함.

남자	(잠에서 깨며) 당신 뭐 해? 잠이 안 와?
여자	와.
남자	그런데?
여자	아니, 오려고 해
남자	근데 왜 일어나?
여자	사실은 나 떠나는 거야.
남자	떠난다고 어디로?
여자	우리 오빠 집으로.
남자	오빠 집으로?
여자	응.
남자	뭐 하러?
여자	오빠 집에서 살 거야. 이제 우리 그만 봐. 헤어지자고.
남자	뭐 헤어지자고? 무슨 일이야? 농담이야?
여자	아니.
남자	아무 일 없잖아! 싸우지도 않았고!
여자	응.
남자	근데 왜? 미친 거야 뭐야? 무슨 얘기 하는 거야? 날 떠난다고?
여자	응.
남자	언제 결심했는데?
여자	모르겠어.
남자	미쳤군.
여자	아니야, 전혀 아니야, 많이 생각했어.
남자	뭘?
여자	이거, 우리에 대해서, 사랑에 대해서, 우리의 사랑에 대해서… 나 이거 확실한 거야…
남자	뭐가 확실하다는 거야?

〈두 한국의 통일〉
카티 라팽 연출, 극단 프랑코포니
ⓒ김보경

여자	**사랑으로는 충분치 않아**[47]
남자	뭐라고?
여자	사랑 그걸로는 충분치 않아.
남자	다시 말해봐.
여자	우리 서로 사랑하지만 그걸로는 충분치 않아.

　사랑에 대한 이 두 에피소드는 서로 다른 관점, 한편에서는 사랑이 없어서, 다른 한편에서는 사랑만으로는 충분하지 않다는 이유를 들면서 이 두 에피소드는 서로 대립적 관점으로서 한 작품 안에서 병렬적으로 동등하게 나타난다. 이렇듯, 작가는 에피소드들 사이의 긴장을 야기시키며 하나의 절대적 주장을 강요하는 헤게모니적 글쓰기로 치닫는 상황을 폐기한다. 이렇게 작가는 한 작품 안에서 드러내고자 하는 의미 작용에 대한 감각을 상실하게 하면서 어떤 직접적인 의미를

47　필자가 굵은 글씨체로 강조함.

드러내는 것을 거부하며 이 모든 에피소드를 동등하게 만든다. 그래서 각 에피소드들은 작품에서 "표명하려는 의지와 행동하는 말"을 폐기하며 목적 없이 방황하는 완고한 무언이 된다. 이러한 상황은 이 작품의 열세 번째 에피소드 "아이들"에서도 드러난다. 이 에피소드는 한 부부가 외출을 위해 베이비시터를 불렀다가 이 부부가 집으로 돌아온 뒤에 일어난 상황이다.

> **여자**　(들어오며) 안녕하세요
> **베이비시터** 안녕하세요 사모님
> **여자**　괜찮았어요? 저녁내 너무 힘들지 않았어요?
>
> (그녀는 방 쪽으로 간다)
>
> **베이비시터** (현저하게 불편해하는 모습으로) 아니요, 아주 좋았어요.
> **남자**　(들어오며) 안녕하세요 아주머니.
> **베이비시터** 안녕하세요 선생님.
> **남자**　(베이비시터 옆에 멈추며) 어때요? 괜찮았어요?
> **베이비시터** (불편해하며) 네… 아주 좋았어요.
> **남자**　너무 흥분하지는 않았어요?
> **베이비시터** 아니요 아니.
> **남자**　좀 흥분했지요, 그죠?

이 에피소드는 실제로 이 부부의 아이들이 존재하지 않음에도, 베이비시터를 불러 외출을 한 부부가 집에 돌아와 베이비시터와 나누는 대화이다. 존재하지 않는 아이들을 돌보게 한 이 부부의 행동처럼, 이들의 거짓된 대사는 아무 의미를 지니지 않으며 마치 인쇄활자 조판의 형상처럼 이미지화될 뿐이다. 이렇게 아무 의미 없이 던져지는 대사들은 내용에 대한 형식의 무관심을 드러내는 순수한 가시적 이미지로서 작용하는 '우둔한' 이미지이다. 하지만 이 '우둔한' 이미지는 다른 한편으론, 아도르노의 표현처럼, "상처자국"으로서 사회적 신체에 쓰여진 흔적으로서 읽혀진다.

4.2. 우둔한 이미지의 흔적

"상처자국"으로서 사물들의 흔적을 드러내는 '우둔한' 이미지의 경우를 〈두 한국의 통일〉에서 위에 예를 든 에피소드, "아이들"을 통해 살펴보고자 한다. "아이들"에서 부부인 남자와 여자가 집에 돌아온 뒤 아이를 찾으며 소리를 지르고 베이비시터를 마침내 경찰에 고발까지 한다.

여자	우리 애들한테 불행한 일이 생겼나 봐! 여보!
	우리 애들한테 불행한 일이 생겼다니까!
남자	아니야.
여자	왜 왜 왜 왜? 말해봐!
남자	(여자를 진정시키려고 애쓰며) 그만해! 지초지종을 알게 될 거야. 애들 다시 찾게 될 거야 빨리.

(베이비시터를 협박하고 점점 더 흥분해서) 그렇죠…? 애들

해치지 않았지요 네?

[…]

남자와 여자(애원하며, 점점 그들의 목소리가 섞이며) 만일 당신이 우리

애들을 데려간다면,

우리 인생은 끝나요. 우린 더 이상 존재하지 않을 거예요.

[…]

우리 애들 말고는 함께할 중요하고 정말 필요하고 결정적인

게 하나도 없어요.

[…]

베이비시터 두 분께서 저한테 요구하신 걸 제가 받아들이지 말았어야 했

는데.

남자 다시 말해볼래요?

베이비시터 애들이 없는데도 애들을 돌봐야 하는 일.

남자 애들이 없다고요?

여자 (울면서) 당신은 어떻게 그렇게 침착할 수가 있어?

베이비시터 네 두 분은 애가 없으세요… 잘 아시잖아요.

[…]

남자와 여자(애원하며, 점점 그들의 목소리가 섞이며) **만일 당신이 우리**

애들을 데려간다면, 우리 인생은 끝나요. 우린 더 이상 존재

하지 않을 거예요. 우리 이야기는 그 의미를 잃게 될 거고, 모

든게 허물어지게 될 거예요.[48] 우리 인생은 이제 어떤 현실성

도 없게 될 것이고, 정당화도 할 수 없게 될 거고 결국 우린 헤

---

48 필자가 굵은 글씨체로 강조함.

어지게 될 거예요. 먼저 우리가 멀어진 다음에 완전히, 전적으로 우리는 사라지게 되겠죠. [⋯] 우리는 우리 자체로는 정체성이 없어요, 정체성 제로⋯ 그래서? 이제 우리한테 동정심이 가지 않나요? 제발. 대답해줘요. 우리 애들을 돌려줘요, 돌려달라고요!
[⋯]

베이비시터 (지폐를 받으면서) 감사합니다.
남자   감사합니다. 죄송합니다.

위의 인용된 대사들은 앞에서 설명한 것처럼, 외출 후 돌아온 부부가 베이비시터에게 존재하지 않았던 자신들의 아이를 돌려달라고 하는 상황의 뒷부분이다. 여자와 남자가 아이를 찾으며 둘이서 동시에 베이비시터를 다그치는 위의 인용문에서 강조된 이 부부의 대사들은 자연스럽게 부부의 정체성을 부부 두 사람의 사랑이 아닌 아이들에게 두고 살아가는, 이 사회에서 행해지고 있는 부부의 존재 의미를 담아내고 있다. 그래서 아이들 없이는 그들 스스로 "이방인"이나 "유령"처럼 될 수밖에 없는 부부관계의 문제점을 증언한다.

이렇게 이중적인 '우둔한' 이미지는, 아버지의 죽음을 맞이한 여자와 의사, 그리고 그녀와 결혼할 남자가 나오는 에피소드 '죽음'에서도 드러난다. 이 에피소드에서 아버지의 죽음 이후 여자는 그동안 아버지를 돌보아준 의사에게 자신은 결혼할 남자와 함께 이 집을 떠나 행복하게 살 것이라고 말을 한다.

〈두 한국의 통일〉 카티 라팽 연출, 극단 프랑코포니 ⓒ김보경

여자	새로운 인생의 시작이죠, 굉장한 일이죠.
의사	잘 있어요 마리안.
여자	굉장한 일이 될 거예요, 난 기뻐요… 한 달 있으면 우린 결혼해요… 빨리 하고 싶어요…

내 남편 될 사람하고 빨리 결혼하고 싶어요…

내가 만나서 결혼하고 싶었던 사람은 바로 이 사람 같은 사람이에요…

(힘들게 노력한 뒤 의사는 [여자로부터][49] 결국 빠져나오는 데 성공한다. 그는 급히 나간다.)

이 사람 같은 사람이에요… 난 행복해요.

---

49 필자가 이해를 위해 첨가함.

(여자는 울면서 땅바닥에 눕는다. 남자도 그 옆에 누워 그녀를 달랜다.)

하지만, 지문을 통해 알 수 있듯이, 그녀의 대사는 실제로 그녀의 행동과 배리되며 의미를 지니지 않는다. 의미를 상실한 그녀의 말은 카티 라펭 연출의 공연에서는 비지스(Bee Gees)의 〈How deep is your love〉 노래와 함께 흘러나오며 아이러니적 효과를 구체화시킨다. 아버지의 죽음이후 여자가 선택한 결혼할 남자는 진실로 그녀의 사랑의 상대라기보다 사회에서 만들어놓은 결혼이라는 제도 안에 자기 스스로를 맡긴다는 점에서 자연스럽게 그 사회의 문제를 보여준다. 이렇게 '우둔한' 이미지는 위에서 언급한 것처럼, 사회적 신체에 새겨져 있는 "상처 자국", 흔적을 증거한다.

이러한 경우는 폼므라의 작품 〈이 아이〉의 세 번째 장에서도 드러난다. 이 작품은 〈두 한국의 통일〉과는 달리 "이 아이"라는 제목하에 소제목 없이 10장의 단편적 에피소드가 나열되어 있다. 사실, 이 작품은 어른이 되지 못하는 어른과 아이가 아이답게 자라지 못하는 사회에 대한 질문들이 10개의 에피소드와 함께 드러나고 있다. 먼저 세 번째 에피소드를 살펴보고자 한다.

아버지 이제 일을 안 하니까 난 그전처럼 아버지 같지가 않다니까요
여자 그게 클라피 씨 당신 잘못은 아니죠. 이제 일 안 하는 건 그런 식으로 죄의식 갖지 마세요. 그럴 필요 없어요

〈이 아이〉카티 라팽 연출, 극단 프랑코포니 ⓒ박주혜

아버지   그게 안 돼요 …. 제 손으로 돈을 못 버는 사람은 우리 집에서 인
            간도 아닙니다.

            […]

아들   사실이잖아. 아빠는 열다섯 살부터 처박혀 평생 일만 했잖아.
            바로 그게 아빠를 골로 가게 만들고 있는 거라고. 거지 같은 일
            이 아빠를 골로 가게 만들고 있는 거라고. 그런데도 바보같이
            아빠는 거기로 다시 돌아갈 거라고, 못 가게 하지 않으면. 말도
            안 돼.

여자   아빠 앞에서 그런 식으로 말하면 안 되지.

아버지   앤 말투가 늘 이래요.

여자   그러면 안 되죠, 클라피 씨. 아들은 아직 미성년이에요.
            법적으로는 앤 아빠 말을 들어야죠.

            […]

여자	일터로 돌아가고 싶으세요? 다시 지하로 내려가시겠다고요? 수많은 약을 복용하고 계신데도?
아버지	파트타임이라도.
아들	인간이 어디까지 바보 같은 짓거리를 할 수 있는 건지!
	[…]
아버지	부인, 내 아들이 어떤 때는 저녁에 집에 들어와 날 때려요, 날 때린다는 말을 하려고 했어요. 아빠에게 어쩌면 이렇게 존경심이 없을 수가 있을까요? 어떻게 이런 일이? 믿어지지 않지요. 너무 슬픈 일이에요.

이 에피소드에서, 건강으로 인해 실직한 아버지와 열다섯 살인 청소년 아들을 상담하기 위해 방문한 사회복지사는 아버지를 존중하지 않으며 함부로 행동하는 아들의 거친 행동을 그냥 두어서는 안 된다고 설명한다. 이 과정에서 사회복지사가 부르는 클라피 씨라는 이름을 통해, 아버지가 북아프리카 아랍인의 성을 가졌다는 것과, 북아프리카에서 프랑스로 이주해 하층민 노동자로 살고 있는 아랍인 1세대와 프랑스에서 태어난 2세 사이의 갈등, 프랑스의 다문화 사회의 갈등을 자연스럽게 드러낸다. 또한, 사회복지사, 아픈 몸에도 일을 하겠다는 아버지, 아버지를 구타하는 아들의 이미지는, 후기자본주의 체제하에서의 실직, 마약이나 범죄에 노출되어 있는 청소년 문제, 사회복지의 한계 등 이 사회의 문제들을 자연스럽게 증거하고 있다. 그래서 모든 의미나 이야기를 방해하는 우둔한 이미지의 방황하는 말은 이제 이렇게 사물의 신체에 직접적으로 기입된 사물의 상처자국, 흔적으로 독해 가능

한 증언을 행한다.

하지만 작가 폼므라는 작품에서 이 우둔한 이미지의 흔적들을 통해 단순히 이 사회제도의 문제점을 비판하고자 한 것이 아니다. 오히려 작가는 이 흔적들의 의미 작용을 대립된 방식으로 해석해내는 가능성을 열어두고자 한다. 이런 맥락에서 폼므라가 『현전으로서 연극(*Théâtre en présence*)』에서 한 말, 즉 작품에서의 이야기들은 신비하고 동시에 구체적인 현전을 밝히는 혹은 순간들을 드러내는 핑곗거리[50]라고 한 그의 말을 이해할 수 있다. 이렇게 '우둔한' 이미지가 어떻게 기대를 낳고 어기며 새로운 의미를 산출해내는지, 그래서 이 새로운 사실주의 역전된 이미지의 시학이 창조되는지 살펴보자.

5. 역전된 이미지의 시학

〈두 한국의 통일〉은 20개의 단편들(이혼→나의 부분→청소→이별→결혼→죽음→사랑의 묘약→돈→열쇠→사랑→기다림→전쟁→아이들→기억→사랑으로는 충분치 않아→우정→ (가치1) →가치2→임신→가치3)로 구성되며 모두 '사랑'이라는 소재를 공통 축으로 하며 이루어진다. 그러나 표면적으로 보이는 이 사랑은 작품의 드러내고자 하는 주제가 아니다. 병렬적으로 나열되어 의미 작용을 벗어난 이 단편들은 얼른 보아서 연관

---

50 Joël Pommerat, *Théâtre en Présence*, p.29.

〈두 한국의 통일〉 카티 라팽 연출, 극단 프랑코포니 ⓒ김보경

이 없거나 위에서 살펴본 것처럼, "이혼"과 "사랑으로는 충분치 않아"
의 에피소드들처럼 서로 대립되기조차 한다.

　이 작품의 첫 번째 에피소드인 "이혼"에서 남편과의 관계에서 사랑
없는 결혼 생활을 지속하던 여자가 이 무감각한 삶으로 인해 더 이상
어떤 것도 감각하지 못하게 되었다며 사랑이 없는 삶보다 고독을 선
택하겠다고 남편에게 이혼을 요구한다. 하지만, 남편은 부인이 나중
에 후회할 것이기에 부인을 위해 이혼을 거부한다고 말한다. 그런데,
부인을 위한다는 남편의 말은, 두 번째 에피소드 "나의 부분"과 모자
이크되어 결코 소통되지 못하는 사랑의 문제를 자연스럽게 부각시킨
다. "나의 부분"은 한때 사랑했었던 두 여자의 관계에서 이별을 선언
하는 첫 번째 여자에게 두 번째 여자는 그동안 주었던 자신의 '진실'을

돌려달라고 소리친다. 그리고 이 에피소드, "나의 부분"은 "청소"와 이어지면서, 작가는 개인의 주관적 진실이 전부라고 생각하는 폭력성을 그려낸다. 에피소드, "청소"에서 청소부 코린은 남편과 이혼한다. 하지만, 이혼 후 그녀는, 남편의 입장을 고려하지 않고 부양료를 청구하면서, 이 요구를 실행할 수 없는 남편은 변화될 것이라고 확신한다. 그래서

〈두 한국의 통일〉 공연 ⓒ강선준

남편이 자신의 요구대로 변하면, 그녀는 과거에 그들이 좋았을 때처럼 다시 결혼할 것이라고 그녀의 동료들에게 자랑스럽게 말한다. 하지만 바로 이때, 그녀의 남편은 목을 매 자살해 있으며, 그녀는 남편이 목을 맨 천장 바로 아래에 있다. 정전된 실내의 어두운 상황처럼, 코린은 자신의 입장만을 강요하며 아무것도 보지 못한 채 자신의 주장대로 모든 일이 이루어질 것이라고 생각한다. 이렇게 작가는 첫 에피소드 "이혼"에서부터 점차적으로 이미지를 더하며 "나의 부분"과 모자이크된 "청

소"를 통해, 각 에피소드가 말하고 있는 이미지들은 그 자체로 의미를 지니지 않으며, 이어지는 에피소드와 모자이크되면서 오히려 각 에피소드의 내용이 역전되면서 비로소 새로운 의미를 창출해내고 있음을 알 수 있다. 이러한 역전의 시학을 통해 작가는 자연스럽게 사랑이라는 미명하에 행해지는 자기중심적 생각이 얼마나 폭력적인 것인지 그려낸다.

또한, 열네 번째 에피소드인 "기억"과 이어지는 열다섯 번째 에피소드, "사랑으로는 충분치 않아" 그리고 이어지는 "우정"의 에피소드들 역시 자연스럽게 모자이크되며 새로운 이야기를 만들어낸다. "기억"에서 알츠하이머에 걸려 병원에 입원한 여자(부인)는 이전에 행해졌었던 모든 일들을 잊어버리고, 자신을 병문안 온 남편에게 매번 동일한 질문을 반복한다. 이렇듯 반복적인 행동들에서 어느새 기계적이 된 남편이 그녀가 원하는 대답을 하기 위해 노력하지만, 그는 지치고 화를 내며 마침내 폭발한다. 여자가 자신들이 결혼했을 때 어떤 식으로 사랑했는지에 대해 질문했을 때 남자는 처음엔 대부분의 방금 결혼한 평범한 부부처럼 사랑을 했다고 대답한다. 하지만, 여자가 실망하자, 남자는 "우리가 만났을 때 완벽했어. 우리는 헤어졌다가 다시 만나는 두 개의 반쪽 같았어. 멋졌지, 마치 북한과 남한이 국경을 열고 통일하는 것 같았고, 서로 만날 수 없었던 사람들이 다시 만나는 것 같았어."라고 대답한다. 하지만 이 말은 남자의 대사들 앞에 적혀 있는 지문들, "냉소적으로", "화가 난 목소리로", 그리고 위의 대사 앞에서 "멈추며,

〈두 한국의 통일〉 공연 ⓒ강선준

여자 눈을 똑바로 보며, 폭발하며"를 통해 알 수 있듯이 아이러니하게 그의 대사는 의미를 상실한다. 이 에피소드는 바로 이어지는 "사랑으로는 충분치 않아"와 모자이크되며 분명하게 그 의미를 드러낸다. 뿐만 아니라, 이어지는 "우정"에서 우정이 자신의 삶에서 너무나 중요하고 두 번째 남자 없이 자신은 존재하지 않는다는 첫 번째 남자는 두 번째 남자가 자신에 대해 말하는 진실을 받아들이지 못하며 결국 두 번째 남자를 때려 죽이는데, 이 에피소드를 통해 작가는 단순히 사랑이 환영임을 말하고자 하는 것은 아니다. 작가는 이들 에피소드들을 모자이크하면서 사랑을 나누는 커플의 관계에서 서로가 다름을, 분리(la séparation)를 인정해야 함을 그리고 이 인정과 함께 서로의 존재를 함께 나누며 공유해야 하는 진실을 부상시킨다. 그래서, 과거의 부부였던 그 기억은 당시 사랑했다는 이유만으로 성립되지 않으며, 타인과의 공존을 도모할 때 비로소 가능할 수 있음을 드러낸다. 작가는 이렇게 기대를 낳고 어기는 우둔한 이미지들을 모자이크하면서 이들 이미지들의 반대의 것을 해석해내는 가능성을, 즉 그의 표현처럼, '신비하고 구체적인 현전(la préssence)'[51]을 그려내고 있음을 알 수 있다. 그래서 폼므라는 보여진 이야기는 거의 장식적인 것이고 핑계일 뿐이라고 설명한 것이다.

또한 〈이 아이〉의 3장에서 북아프리카로부터 프랑스로 이주해 하층민 노동자로 사는 모로코, 알제리 등 북아프리카 출신인 아랍인 1세대와 프랑스에서 태어난 2세 사이의 갈등, 프랑스의 다문화 사회의 갈등을 자연스럽게 드러낸다. 하지만 마치 화석처럼, 방황하는 말의 이 증언은 작가 폼므라가 〈이 아이〉를 통해 말하고자 하는 바가 아니다. 이는 폼므라가 자신의 "글쓰기가 패러디가 아니라"[52]고 말하고 있는 것을 통해서도 자연스럽게 이해할 수 있다. 오히려 작가 폼므라는 〈이 아이〉의 단편들, 즉 출산이 두려운 산모, 소유욕이 강한, 사실은 우울증에 빠진 엄마, 독재적인 아버지, 버릇없는 아들, 냉정한 딸과 엄마의 단편들을 통해 희생자들이었던 이들이 이어서 학대자가 되어가는 것을 그려낸다. 그래서 유산이 되어버린 증오, 미움으로 어그러진 도덕,

---

51 Joël Pommerat, op. cit., p.29.
52 Ibid., p.66.

사악함이 이양되고 있음을 해석해내게 한다.

이렇듯 조엘 폼므라는 자신의 글쓰기에서 탈중심적 논리와 함께 권위적 메시지 전달을 해고하는 한편 동시에 이 새로운 사실주의적 글쓰기를 통해 유사성을 소환하면서 기대를 낳고 어기는 조작을 통해 관객에게 상상력과 지각의 영역을 열어놓는다. 그래서 관객은 일상의 무의미한 우둔함을 "시적 신체들로 변환시키면서 재구축된 성좌의 도면"[53]을 읽어낸다. 이는 바로 폼므라의 '새로운 사실주의'적 글쓰기가 이전의 글쓰기와 구분되며, 또한 이 작가의 '유희하는 사유의 움직임'과 연결되는 지점이 된다. 그래서 '전시된 글쓰기'라고 비판받은 포스트모던 극작술은 '새로운' 제3의 사실주의에 의해 유희하는 사유의 움직임을 드러내는 새로운 미학적 글쓰기로서 거듭난다.

---

53 Jacques Rancière, *Politique de la la littérature*, p.39.

참고문헌

1. 1차 문헌

조엘 폼므라, 『두 한국의 통일』, 임혜경 역, 지식을만드는지식, 2016.

──────────, 『이 아이』, 임혜경 역, 지식을만드는지식, 2015.

Pommerat, Joël, *La réunification des deux Corées*, Arles; Actes Sud, 2013.

──────────, *Cet enfant*, Arles; Actes Sud, 2010.

2. 2차 문헌

노명우, 『계몽의 변증법을 넘어서 ─ 아도르노와 쇤베르크』, 문학과지성사, 2002.

발터 벤야민, 『언어일반과 인간의 언어에 대하여』, 최성만 편역, 서울 : 길, 2008.

테오도르 아도르노, 『부정의 변증법』, 홍승용 역, 한길사, 2003.

하형주, 『21세기 연극예술론 : 포스트모던 연극에 대한 반성과 정치적인 것의 미학』, 연극과인간, 2016.

Th.W 아도르노 · M. 호르크하이머, 『계몽의 변증법』, 김유동 역, 문학과지성사, 2003.

Adorno, Theodor W., *Dialectique négative*, trad., par le group de traduction du Collège de philosophie, Payot, 2001.

Aristote, trad., par Roselyne Dupont-Roc et Jean Lallot, *La Poétique*, Seuil, 1980.

Debord, Guy, *La Société du Spectacle*, Gallimard, 1992

Pommerat, Joël, *Théâtre en présence*, Arles: Actes Sud, 2016.

Pommerat, Joël and Joëlle Gayot, *troubles*, Actes Sud, 2007.

Rancière, Jacques, *Le destin des images*, La fabrique, 2003.

─────────, *Mallarmé:La politique de la sirène*, Hachette, 1996.

─────────, *Politique de la littérature*, Galilée, 2007.

─────────, *Malaise dans l'esthétique*, Galilée, 2004.

3. 논문

문병호, 「아도르노의 『예술이론』에 있어서 미메시스와 합리성의 변증법」, 『독일문학』 vol.50, 1993, 225~247쪽.

정석현, 「아도르노 미메시스 개념의 의미」, 『철학논총』 70집, 2012.10, 423~450쪽.

최성만, 「발터 벤야민의 미메시스론」, 『독일어문화권연구』 vol. 5 1996, 176~206쪽.

───, 「미메시스와 미메톨로지─아도르노의 미메시스 구상과 오늘날의 미메시스론 연구」, 『뷔흐너와 현대문학』 vol. 18, 2002, 231~263쪽.

하형주, 「조엘 폼므라와 장─끌로드 그룸베르그의 작품에서 나타나는 연출적 글쓰기 : 픽션의 정치」, 『한국콘텐츠학회논문지』, 2019, Vol.19 No. 5, 163~177쪽.

정연두 다원예술의 창작 원리

: 매체 특정성의 포월(匍越)을 통한 매체의 재창안

김기란

Yeondoo
Jung

정연두 다원예술의 창작 원리[1]
매체 특정성의 포월(匍越)을 통한 매체의 재창안

1. 작가와 작품

1.1. 다원예술과 매체

독립적으로 존재했던 예술 장르가, 자신들이 익숙하게 몸담았던 매체를 넘어 다른 매체와 혼용되는 양상은 2000년대 이후 국내에서 뚜렷한 하나의 현상으로 자리 잡고 있다. 클레멘트 그린버그(Clement Greenberg)의 말처럼 "각 예술에 고유하며 예술 스스로가 되도록 만들었던" 예술 장르 고유의 매체에 대한 성찰과 함께 예술 장르의 정체

---

1   이 글은 한국드라마학회의 『드라마연구』 66호(2022)에 실린 필자의 논문 「정연두 다원예술의 창작 원리−매체 특정성의 포월(匍越)을 통한 매체의 재창안」을 요약,수정한 것임을 밝힌다.

성과 관습이 재정립되고 있다. 이러한 양상의 결과물들은 다원예술 (inter-disciplinary art), 융복합예술, 포스트 아방가르드(post avant-garde), 컨버전스 퍼포먼스(convergence performance), 인터랙티브 퍼포먼스 (interactive performance), 하이브리드(hybrid), 장소특정적 공연(Site-Specific performance), 탈장르적, 해체적, 개념주의 무용(conceptual dance), 농당스(non-danse), 댄스 퍼포먼스, 포스트드라마 연극(postdramatic theatre), 포스트드라마 퍼포먼스 등[2] 다양하게 명명되고 있다. 논자에 따라 선택된 다양한 명칭과 규정은 예술 간 횡단이 야기하는 복잡한 맥락을 반영하는 것으로, 때로 그것은 수입된 개념의 번역어를 둘러싼 권력과 위계의 역학, 투쟁의 장[3]으로 드러나기도 한다.

---

2 오선명,「융복합 예술개념에서 무용의 양식적 특성에 대한 담론 : 〈소아페라 (Soapéra)〉, 〈에스카톤(Eskaton)〉, 〈거리에서(En route)〉를 중심으로」,『무용예술학연구』67집, 한국무용예술학회, 2017, 73~74쪽.

3 비근한 사례는 inter-가 함의하는 다양성과 통합의 맥락을 우리말로 번역하는 과정에서 생겨난 학계의 논쟁을 통해서도 확인할 수 있다. 우선 '통섭' 개념을 들 수 있다. 통섭은 1998년 출간된 생물학자 에드워드 윌슨(Edward Wilson)의 『통섭:지식의 대통합(Consilience:The Unity of Knowledge)』(2005)을 소개하며 최재천이 국내 학계에 제안한 consilience의 번역어이다. '큰 줄기(통)를 잡다(섭)'는 의미의 통섭은 '서로 다른 것을 한데 묶어 새로운 것을 잡는다'는 의미로, 인문사회과학과 자연과학의 학문 영역을 통합해 새로운 것을 만들어내는 범학문적 연구를 의미한다. 하지만 통섭 개념은 "생물학을 중심으로 모든 학문을 통합하자는 윌슨식 고유이론", "자연과학 중심적 사고방식", "환원적으로 인문학을 설명하려고 움직임"이라는 비판에 직면했다. 2012년 국내 고등과학원에서는 학제 간(inter-disciplinary) 연구 혹은 다학제(multi-disciplinary) 연구라는

다원예술이 엄연히 존재하는 개별 예술의 관습 및 영역 간 경계 의식을 모호하게 감춘다는 비판도 제기되지만, 예술 장르 간 횡단의 시도가 역사적으로 새삼스러운 것은 아니다. 머스 커닝햄(Merce Cunningham)과 저드슨 그룹(Judson Church Group)이 극장을 나와 일상 공간에서 예술과 일상의 경계를 해체하려 했을 때, 피나 바우쉬(Pina Bausch)가 춤과 연극을 혼용했을 때, 예술 장르 간 횡단을 위한 탐구는 이미 시작되었다. 물론 현재 전개되고 있는 다원예술의 양상은 이보다 훨씬 전면적이고 복합적이다. 하나의 콘텐츠를 공유하며 매체가 확장되거나 예술 장르 간 매체가 상호호환되는 것과는 다른 양상이다. 가령 1990년대 이후 현대무용은 춤의 본질인 '몸의 움직임'에 대한 성찰을 통해 일상적 움직임을 무대에 구현하고 공간의 새로운 이미지 형성에 집중했다.[4] 그 결과 무용의 외연이 퍼포먼스로 확장되고, 퍼포먼스를 구성하는 무용, 음악, 연극, 문학(텍스트), 미술, 사진, 영상, 건축 등의 서로 다른 예술 장르가 공유되는 양상이다.

이런 상황에서 예술 장르 고유의 매체를 통해 예술 장르를 규정하는 것은 큰 의미를 지니기 어렵게 되었다. 로절린드 크라우스(Rosalind Krauss)는 '포스트-매체(post-medium)'의 개념을 통해 이러한 상황을 설

표현 대신, '초학제(trans-disciplinary) 연구'라는 표현을 제안했다. 통섭과 달리 초학제는 학문 각각의 자율성을 존중하는 개념이라고 보았다.

4   오선명, 앞의 논문, 73쪽.

명한다. 그는 '포스트'라는 접두어를 부가하면서도 기존의 고유의 매체관을 복수의 익명성 속에 잃어버리지 않기 위해 '포스트-매체'라는 표현을 사용했다.[5] 크라우스에게 사진은 포스트-매체의 좋은 사례[6]가 된다. 그는 비디오의 대중화에 따라 사진이 낡은 매체가 되어간다는 점을 지적하면서, 이때 사진이 지닌 창조적 후시성이 디지털 환경 속에서 새로운 예술을 재창안하는 동력으로 기능하게 되었다고 주장한다. 말하자면 유행이 지나 산업적 폐기물로 전락한 매체는 역설적으로 미적 생산의 단계로 접어든다는 설명인데, 크라우스는 이처럼 기존 매체의 물질적 조건들로부터 생겨나 그것을 생산적으로 포용할 때, 투사적(projective)이고 기억을 불러일으키는(mnemonic) 표현을 창출하는 새로운 매체가 재창안될 수 있다고 보았다.

크라우스의 포스트-매체 개념의 바탕에는 현대 디지털 과학기술이 예술 생태계에 행사하는 영향력이 반영되어 있다. 여기에 다원예술의 태생적 출발로 언급되는 E.A.T.와 연결되는 미국 미술평론계의 맥락도 배제할 수 없다. 예술이 어떻게 기술, 공학, 그리고 과학 분야와 융합할 수 있는가를 실제적으로 보여준 E.A.T.(Experiments in Art and

---

5 신양섭, 「포스트 미디어 개념의 논쟁적 지평들」, 『Preview』 16권, 한국디지털영상학회, 2019, 62-63쪽.

6 로절린드 크라우스, 「매체의 재창안」, 『북해에서의 항해 : 포스트-매체 조건 시대의 미술』, 김지훈 역, 현실문화A, 2015, 74~100쪽.

Technology)는 당대를 대표하는 예술가들과 공학자들이 주축이 되어 설립되었다. 1966년 9월 22일 뉴욕에서 결성된 E.A.T.는 로버트 라우센버그(Rauschenberg)와 로버트 휘트먼(Whitman)이 예술가를 대표하여 합류하고 다수의 노벨상 수상자를 배출한 벨 연구소(Bell Lab)의 빌리 클뤼버(Kluve)와 프레드 발트하우어(Waldhauer)가 공학자를 대표하여 의기투합한 비영리조직이다. E.A.T.의 참신한 발상과 실험들은 기존 예술 장르의 경계를 허물고 이전에는 존재하지 않았던 새로운 형태의 예술을 제시했다. 그 과정에서 예술가들은 새로운 과학기술을 표현의 수단이자 예술적 매체로 이용하기 시작했다.[7] 크라우스는 포스트–매체 담론을 통해, 예술이 대척점에 있다고 여겨지던 과학기술과 융합할 때, 예술의 물질성과 그것이 가능케 하는 특별한 미적 경험을 보호하려 했다. 예술의 미래가 창작자가 아닌 매체에게 맡겨질 수 있는 상황을 크라우스는 우려한 것이다.

그런데 서구 이론에 의해 선점된 국내 다원예술의 현장이 모두 서구 포스트–매체 담론의 맥락을 공유하는 것은 아니다. 국내 다원예술의 담론은 미국으로부터 유입된 측면이 적지 않지만, 소개되는 미학 담론과 달리 실제 작업의 현실은 미국의 그것처럼 자본주의에 토대를 둔

---

7   E.A.T.에 대해서는 정소진, 「1960년대 미국에서 나타난 예술과 과학기술의 융합 프로그램 연구 : LACMA의 A&T와 벨 연구소의 E.A.T.를 중심으로」, 홍익대학교 석사 학위 논문, 2019 참조.

기술주의나 기능주의, 효율주의에 경도되지 않고 다양하게 전개되고 있다. 독립예술 문화와 비주류 예술 집단에서 출현했다는 주장[8]을 바탕으로, 국내 다원예술은 흔히 존재 방식을 통해 정의되기도 한다. 하지만 모든 다원예술이 주류 예술 생산 방식과 거리를 둔 독립적 생산 방식, 대안적 비주류 예술 실험으로만 전개되는 것은 아니다. 국내 다원예술의 성격과 내용은 즉자적으로 구성되기보다, 기존 예술을 경유하여 대타적으로 정립되는 탓에 기존 예술에 대한 대립적 개념으로 설명되는 측면이 강하다.

국내 다원예술은 한국문화예술위원회(문예위)가 2001년 '다원적인 예술'이라는 개념을 도입하며 지원을 위한 정체성이 우선 구성되었고, 2005년 '다원예술 소위원회'가 문예위의 산하 기관으로 설치되면서 '다원예술'이라는 용어의 정의에 대해 적극적으로 논의되기 시작했다.[9] 다원예술 소위원회의 정의에 따르면 다원예술이란 "장르에 대한 새로운 접근과 다양한 예술적 가치의 실현을 목적으로 하는 예술 창작 활동으로서, 탈장르 예술, 복합장르 예술, 새로운 장르의 예술, 비주류 예술, 문화 다원주의적 예술, 독립예술 등을 중심적 대상으로 하는

---

8   윤지현, 「다원예술의 탈경계성에 관한 연구 ― 복합적 실험적 무용공연을 중심으로」, 『대한무용학회논문집』 71권 2호, 대한무용학회, 2013, 159쪽.

9   남선희·조은숙, 「다원예술 작품의 특성에 관한 연구 ― 작품 〈바이올린 페이즈〉, 〈마담 플라자〉, 〈아무 일도 일어나지 않는 곳으로의 10번의 여행〉을 중심으로」, 『무용예술학연구』 67집, 한국무용예술학회, 2019, 37쪽.

예술"을 말한다. "새로운, 다양한, 예술적 가치"라는 포괄적이고 모호한 표현 때문에, 다원예술이 무엇인가에 대해서는 여전히 내용을 구성하기가 쉽지 않다. 규정의 모호함에도 불구하고 다원예술에 대한 국내 지원 사업은 지속적으로 확장되어, 국립현대미술관은 2014년부터 매년 예술 장르의 경계를 횡단하는 작품들을 엮어 다원예술 시리즈를 선보이고 있다.

1.2. 메타-매개자, 정연두

정연두는 작가 이력의 시작부터 다원예술가로 존재했다. 그의 태생이 조각에 닿아 있지만, 그의 작업은 사진을 바탕으로 변화했고, 최근에는 관극의 경험을 촉발하는 공연을 기획하는 데까지 도달했다. 정연두는 2007년 최연소이자 사진-영상 부분에서는 최초로 국립현대미술관 '올해의 작가상'을 수상했다. 2008년에는 뉴욕현대미술관이 그의 첫 비디오 작품인 〈다큐멘터리 노스탤지어〉를 구입해 화제가 되기도 했다. 뉴욕현대미술관이 한국 작가의 미디어 작품을 구입한 것은 백남준 이후 처음이었기 때문이다.

정연두의 작업은 미술, 사진, 영상, 공연의 예술 장르를 혼융[10] 하

---

10 박영선, 「예술적 실천으로서의 디지털 아카이빙과 사진의 상호관계」, 『기초조형학연구』 15권 6호, 한국기초조형학회, 2014, 185~186쪽.

는 다원적 성격을 지니지만, 다원예술이 흔히 전제하는 다원주의 (pluralism)와는 일정한 거리를 두고 있다. 곧 정연두는 특정 예술 장르의 가치를 위계화하지 않은 채 각 장르를 민주적으로 융합하는 정도에 만족하지 않는다. 다원예술에 대한 흔한 오해, 곧 "장르 융합에 초점을 맞춘 일대일 방식의 양식화된 퓨전 문화를 지지하거나, 디지털 매체 기술의 무분별한 개입, 내용보다는 기술 중심의 시각적 효과만을 보여주는 노골적인 문화혼성주의를 다원주의적 경향"[11]으로 인식하는 경우와 분명한 차이를 보이는 것이다. 그의 작품은 예술 장르 혹은 예술 매체의 '융합'을 시도하는 정도에 머물지 않는다. 오히려 그의 작업은 개별 예술 장르와 그것의 고유한 매체가 맺는 관계, 즉 매체 특정성 (medium specificity)[12]을 넘어, 매체 개념을 재정립 혹은 확장하는 실천적 시도로 이해된다. 그를 매체 특정성을 '포스트(post-)'하는 "메타-매개자"[13]로 평가하는 맥락도 이에 닿아 있다.

---

11 정현, 「다원예술, 그 경계의 불확실성」, 『Art in Culture』, 2010년 5월호.

12 김지훈, 「매체를 넘어선 매체 : 로절린드 크라우스의 '포스트-매체' 담론」, 『북해에서의 항해. 포스트-매체 조건 시대의 미술』, 현실문화 A, 2015, 102쪽. 이 글에서 인용된 매체 특정성의 세 가지 테제는 다음과 같다. (1) 한 매체는 그 자체의 효과들을 낳는 하나의 물리적 실체로 정의된다. (2) 이때 이 매체는 그 자체의 물질적 특질들로부터 비롯된 고유한 본질을 유지하는 것으로 파악된다. (3) 이 매체의 고유한 본성은 개별 예술에 부합하는 표현과 탐구의 영역을 지시하거나 좌우한다.

13 권경용 · 김규정, 「INTER-MEDIA ART에서 착종(錯綜) 현상에 관한 고찰」,

〈보라매 댄스홀〉, 2007(정연두 작가 제공)

　　정연두의 첫 개인전이었던 2001년의 〈보라매 댄스홀〉은 사진 작업
을 벽지에 전사된 작품이다. 정연두 자신이 직접 보라매 공원에 위치
한 스포츠 댄스 교습소에 나가 스포츠 댄스를 배우고 그곳의 사람들
과 교류하는 수고를 아끼지 않은 작품으로, 춤을 배우는 중년 남성과
여성의 모습을 촬영한 후, 그것을 패턴화된 벽지로 만들어 전시 공간
의 벽면을 도배했다. 흔한 사진 전시의 익숙함을 전복하고, 전시장 벽
면 전체를 화면처럼 활용한 〈보라매 댄스홀〉은 기존의 사진(필름)이 작
동하는 물질적, 기술적 요소는 이용하되, 그것이 사진예술의 형식을
지시적으로 규정하는 결정적 요소로 작용하지 않도록 기획한 작품이
다. 그 결과 〈보라매 댄스홀〉은 사진예술 고유의 매체였던 카메라나
필름을 포함, 벽지라는 새로운 전시 방식, 벽지가 둘러싼 전시장에 들

『예술과 미디어』 10권 2호, 예술과 미디어학회, 2011, 165쪽.

어선 관람객들의 수행적 반응까지도 포함하며, 그 모든 것이 합쳐져 작동하는 다원적 효과를 끌어냈다. 이 과정에서 매체의 구성요소들은 내적인 차이에도 불구하고 서로 맞물려 일정한 미적 효과를 발생시켰고, 그 효과는 기존의 예술 장르로는 환기될 수 없는, 〈보라매 댄스홀〉이라는 예술 장르를 특정하게 식별할 수 있는 "변별적 특정성"을 구성했다.

〈보라매 댄스홀〉의 촌스러운 옛날 벽지 속에서 춤추는 사람들은 중년의 나이에도 춤을 추고 싶은 평범한 누군가이다. 그것을 관람한 누군가는 스윙 댄스를 추고 싶은 충동과 촌스러워 드러내지 못했던 자신의 꿈을 떠올릴 수도 있다. 그러나 그것은 각 개인의 잠재적인 정서적 반응일 뿐이다. 〈보라매 댄스홀〉을 구성하는 매체 각각은 그것을 추동하는 잠재적 가능성의 매체로 기능한다. 전시에 가까웠던 2001년의 〈보라매 댄스홀〉에서 융합된 매체의 잠재적 가능성으로 남아 있던 수행적 공연 구성이 현실로 구현된 것은 2007년 과천 국립현대미술관에서 진행된 〈보라매 댄스홀〉 전시를 통해서이다. 2007년의 전시는 〈보라매 댄스홀〉에서 시작해 〈로케이션〉, 〈다큐멘터리 노스탤지어〉, 다시 〈보라매 댄스홀〉을 경유하는 동선으로 구성되었는데, 〈보라매 댄스홀〉의 전시장은 댄스홀로 꾸려졌다. 바닥에는 댄스 플로어가 만들어졌고 춤을 출 수 있는 음악도 흘렀다. 원한다면 관람객 누구나 춤을 출 수 있는 전시 환경이 연출된 것이다. 남은 것은 관람객들의 춤추고자 하는 의지와 선택이었다. 전시를 구성하는 매체가 공연을 구성하는 새로운 매체로 작동하며 보통 사람들의 꿈을 예술을 통해 이뤄주려는 정연두의 작가의식도 분명하게 드러났다. 이를 바탕으로 정연두는 이후의 작업에서 잠재적 가능성으로 남아 있는 관람객들의 정서를 수행적으로 끌어낼 수 있는 방법을 지속적으로 천착한다.

이 글에서는 크라우스의 '포스트−매체' 담론을 경유하여 정연두의 다원예술 작업의 창작 원리를 분석한다. 그것은 정연두의 작업을 단순한 '예술적 표현 도구 혹은 매체의 혼성'이라는 방법상의 특성으로 이해하는 것이 아니며, 따라서 서구 이론을 경유하는 다원예술의 담론을 정리하는 것으로 수렴되지 않는다. 이 글은 공연예술학의 입장에서, 미술관의 전시를 공연(혹은 퍼포먼스)으로 확장한 정연두의 다원적(inter-disciplinary) 작업을 매체의 재창안이라는 측면에서 고찰한다. 곧 매체 특정성에 대한 이론을 바탕으로, 매체의 본질적이고 물질적인 속성을 '버리지 않은 채' 그것을 가로질러 넘어서, 새로운 미감의 변별적 특정성[14]을 확보하는 정연두의 창작 과정을 매체 특정성을 '포월'하고자 하는 창작 원리로 이해하고 분석한다.

---

14 김지훈, 앞의 글, 107쪽.

2. 정연두 다원예술의 창작 원리
: 매체 특정성을 포월(匍越)하기

다원예술이 다원주의를 전제한다고 할 때, 그것은 다원주의에서 실재가 여럿일 수 있음을 인정하듯이, 대체로 각각의 장르가 지닌 특성들이 그대로 유지되지만, 그것이 융합된 것으로 이해하는 것이다. 이를 크라우스의 '포스트─매체' 개념을 통해 구체화하면, 다원예술은 서로 다른 예술 장르의 고유한 매체를 나란히 늘어놓는 방식의 융합이 아니라, 매체 각각의 본질적 속성은 유지되면서 그것의 융합이 새로운 매체로 인식될 수 있어야 한다. 이때 융합의 원리는 작가의 자의식이 반영된, 매체에 대한 메타적 '관계'를 반영해야 하고, 그 과정에서 새롭게 창안된 매체의 변별적 특정성이 제시될 수 있어야 한다. 기존 매체가 재창안되어 생겨나는 변별적 특정성은 새로운 미감을 가능케 하는 동력인 바, 메타적으로 성찰된 기존 매체가 투사되어 환기하는 속성과 그것의 표현적 쓰임을 통해 드러난다.

기존 매체 각각의 본질적 속성을 유지하면서도 새로운 변별적 특정성으로 융합되는 방식은, 기존 매체를 접촉 없이 수직적으로 뛰어넘는 초월(超越)의 것이 아니라, 수평적으로 그것을 경험하며 넘어서는 포월(匍越)[15]에 가까운 작업이다. 포월은 "기어서 넘어감, 기고 있는데 넘어

---

15 이 글에서 인용한 개념인 포월(匍越)은 1990년대 철학자 김진석이 제안한 개

갔음"을 의미한다. 포월 개념을 제안한 김진석은 초월과 포월의 차이를 그 운동의 방향과 방식에서 우선 찾는다. 그에 따르면 포월은 초월과 달리 "수직적 올라감이 아니라 수평적인 건너감, 수평적인 가로질러감"[16]을 지향한다. 서양 철학의 초월 개념이 "땅에서 어떻게 얼마나 벗어나는가"라는 물음에 대한 여러 답 중 하나의 특별한 답이었다면, 동양적 사유에서 포월은 "문제의 범위를 확장해 과거 물음의 전제와 배경을 드러나게 하는 시도"이자 "이탈하되 그것이 사용하고 소유해 온 바로 그 동일한 개념들을 계속 빌려 사용하거나 빌려 쓰지 않고 이탈하는 새로운 방식의 한 예"[17]라는 것이다.

벗어나기 위한(초월) 답이 아니라, 그 답이 전제하는 물음, 물음의 배경까지도 수용하고 경험하여 새로운 답을 찾는 것이 포월이라면, 이

념으로, 서구 형이상학의 '초월(trans-)'을 부정적 변증법으로 상대화한 개념이다. 김진석은 정확한 논증이라는 서구식 사유 방법이 아닌, 자유로운 서술을 통해, 우월한 처지에서 간단히 대상을 뛰어넘는 초월과 다른, 대상과 관계하며 감싸 안아 그 위를 기어 넘어선다는 의미로 포월을 설명했다. 현실을 벗어나는 관념적 초월이나 해탈이 아닌, 현실을 온몸으로 경험하고 살아내면서 극복해야 한다는 의미의 포월은 애초 서구의 철학적 논증을 거부하는 글쓰기 방식으로 진술된 탓에 논리적 서술을 통한 설명이 쉽지 않다. 그럼에도 김진석이 포월 개념을 제안했던 당시 서구의 정과 반의 합일을 통해 현실을 뛰어넘으려는 변증법적 사고방식에 대한 거부를 담고 있는 동양적 사유 방식이라는 점에서 많은 관심을 받았다.

16 김진석, 『초월에서 포월로』, 솔, 1996, 216쪽.
17 위의 책, 215쪽.

는 기존 매체 각각의 본질적 속성을 유지하고 수용하되, 새로운 변별적 특성으로 융합되는 크라우스의 '포스트–매체' 개념과 연결된다. 크라우스가 '물질적/기술적 지지체', '집적 조건'의 표현을 통해 설명했던 변별적 특정성이 구성되는 과정은, 기존의 매체를 규정했던 물질적, 기술적 요소는 여전히 그 역할을 수행하지만, 그것이 특정하는 예술의 형식이나 장르에 얽매이지 않고, 물질적이고 비물질적인 구성 요소들을 내부에서 새로 포함하는 상태[18]를 말한다.

가령 2012년 '페스티벌 봄'에 초청된 제롬 벨(Jérôme Bel)의 〈세드리크 앙드리외(Cedric Andrieux)〉는 아르코 대극장 광활한 무대 위에 단 한 명의 무용가가 자신의 무용 이력에 대해 관객에게 담담하게 들려준 작품이다. 이 작품에서 무용의 고유한 매체였던 몸의 움직임은 무대 위에서 거의 보이지 않는다. 단지 무대 위에 '서 있다'는 가장 기본적인 무용수의 몸을 보여주었을 뿐이다. 특히 서양 무용의 관습적 코드로 작용해온 높은 기술적 난이도를 지닌 화려한 동작들이 사라진 무대에는 서 있음으로 존재하는 무용수의 몸 자체(물질적/기술적 지지체)와 그의 몸이 경험한 개인적 서사, 말이 채워진다. 무용수 세드리크 앙드리외가 공연 중 보여준 무용 같은 움직임은 공연 무대를 대각선으로 가로지르는 발레 동작 '쉐네(Chaînés)' 정도였다. 텅 빈 무대를 채운 것은 무용수의 몸짓이 아니라, 무용수가 될 수밖에 없었던 한 사내의 무용 경력과

---

18   김지훈, 앞의 글, 107쪽.

인생에 대한 위트 넘치는 개별적 서사였고, 지극히 개인적인 자신의 성적 정체성을 고백한 스토리텔링은 무용수의 삶에서 무용이란 무엇인가를 성찰케 했다. 무용의 기존 매체는 여전히 작동했지만, 〈세드리크 앙드리외〉는 관객들에게 새로운 미감을 전달하는 무용이 아닌 새로운 예술 장르로 감각되었다.

〈세드리크 앙드리외〉는 무용의 고유한 매체였던 몸이 환기하는 익숙한 감각을 최소한의 본질로 남겨놓은 채, 그것이 관습적으로 구성해온 무용이라는 예술 장르를 넘어, 무용이란 무엇인가에 대한 창작자의 자의식을 반영한 1인 스토리텔링 공연이자 강연으로 재창안되었다. 매체 각각의 미감이 종합되어 가능케 하는 새로운 미감의 경험과 그것이 환기하는 작가 의식은 기존의 매체를 마주하고 그것들의 경계를 엉금엉금 기어서 체현하며 넘어서는 과정 자체에서 부각된다.[19] 이처럼 예술 매체의 본질을 천착하되, 그것이 개별 서사의 내용을 통해 정치적 의제를 환기하고 공연이자 강연의 형식으로 변화함으로써 1인 낭독극이라는 새로운 공연예술 장르의 미감을 보여주었다는 점에서 제롬 벨의 〈세드리크 앙드리외〉는 예술 장르 고유의 매체 특정성을 포월한 다원예술로 이해될 수 있다.

포월은 일견 초월과 포함(包含)의 개념을 함께하는 캔 윌버(Ken

---

19 김성호, 「박경진展 — 삶과 미술 현장을 포월하는 공간 회화」, 2019. https://blog.naver.com/mediation7/221460968706 (2021년 7월 22일 접속)

Wilber)의 '싸서 안기(包越, envelopment)'[20]로도 이해할 수 있는 바, 그 방법은 세부를 보는 일이 아니라 가로지르면서 총체적으로 조감하여 전체를 직관적으로 파악하는 것이다. 마치 조각보를 이어서 새로운 쓰임의 천을 만들 듯, 천 조각을 엮되 그것은 엮는 자의 자의식을 통해 만들어낼 새로운 전체가 그려져야 한다는 것이다.[21] 간혹 기존 장르의 전복 자체를 다원예술로 이해하기도 하지만, 전복에 그치지 않고 전복의 대상을 감싸 안아 포용하는 포월이 될 때, 매체 특정성을 넘어서는 변별적 특정성을 지닌 다원예술로 수용될 수 있다. 이때 창작의 수단, 기술, 방법, 과정 역시 매개된 모든 매체가 독자성을 유지할 수 있는 탈위계적 융합이 된다.

2018년 국립현대미술관의 '아시아 포커스' 프로젝트에 초청된 안 테레사 드 케이르스마커(Ane Teresa de Kersmaeker)의 공연(혹은 전시) 〈바이올린 페이즈〉(초연, 1981)는 다원예술로 명명되었지만, 다원의 접두어 inter-를 '학제적'으로 이해해도 좋을 작품이다. 넓은 의미의 '학제적 예술'이 예술과 과학, 인문사회 등의 전문가들이 방법론을 공유하며 함께 하나의 목표를 가진 프로젝트를 진행하는 것[22]이라면, 이 작품은

---

20 신현경, 「포스트모더니즘의 包越로서 詩書畵 修行論에서의 象徵性의 역할」, 『동양예술』 23호, 2013, 240쪽.

21 위의 글, 240쪽.

22 전병삼, 「Interdisciplinary Arts란?」, 2012. KoIAN 홈페이지. http://www.koian. org/inter_arts(윤지현, 「다원예술의 탈경계성에 관한 연구－복합적 실험적 무용

학제적 예술에 가깝다. 움직임을 공연하는 과정에서 전시되는 회화가 구성되었고, 그것들의 바탕에는 인체의 움직임을 수학적으로 계획한 학제적 융합이 이루어졌기 때문이다. 관객들이 본 것은 단순하나 규칙적으로 반복되는 움직임(무용)이었고, 그것이 사라진 공연장 바닥에는 무용수가 남긴 발동작의 선들이 그려졌다(회화). 음악에 맞춰 춤을 추거나 바닥에 그림을 그리는 행위가 분리되지 않은 채 동시에 진행되었다. 그것은 즉흥적인 움직임이 아니라 철저한 음악 분석과 함께 수학의 지름과 원형의 개념을 완벽히 이해하고 다리의 폭이 그려내는 방향과 각도를 연구하여 안무된 동작이었다는 점에서 수학적 세계를 반영한다.[23] 또한 그렇게 선택된 동작은 대부분 회전을 변형시킨 형태의 움직임이었는데, 회전이란 무용의 본질이 되는 가장 단순하면서 기초적인 움직임이라는 테레사의 창작자로서의 자의식이 반영된 것이다.

정연두의 다원예술 작업 역시 이로부터 멀리 있지 않다. 한 예술 장르만의 가치를 위시하거나 위계화하지 않고, 예술 장르를 구성하는 매체의 물질적 속성을 이해하고 탐색하는 매체 간 횡단과 그 과정을 실시간 공연처럼 노출하며 새로운 변별적 특정성을 지닌 다원예술을 구성한다는 점에서 그렇다.

공연을 중심으로」, 『대한무용학회논문집』71권 2호, 2013, 159쪽에서 재인용.)
23 남선희 · 조은숙, 앞의 논문, 43쪽.

3. 정연두 다원예술 작업 분석

3.1. 수행적 시각화, 환영과 현실의 포월

"꿈과 판타지를 실현시켜주는 작가"라는 미술계의 평가에서 보이듯, 정연두의 작업은 환영을 만드는 것과 무관하지 않다. 그가 집중하는 것은 만들어진 환영의 완벽함이 아니라, 그것을 통해 가능한 꿈의 예술적 실현이다. 서구 르네상스에서 19세기 중반 사진기가 발명되기 전까지, '완벽한 환영'을 만드는 작업은 미술이 감당해야 할 가장 중요한 과제였다. 환영을 만드는 미술 작업에 변화가 찾아온 계기는 근대 사진의 등장이다. 현실의 재현으로서 환영 만들기의 많은 부분이 사진에게 아웃 소싱되면서, 미술 작업은 실제 지각하는 현실과 구분할 수 없는 환영 이미지를 창조하는 데서 벗어나, 실제 지각한 것과 제작된 환영 이미지 간의 차이를 드러내는 데 집중했다. 곧 환영의 정확도가 아니라, 작가가 성취한 환영이 위치한 이야기의 맥락, 그것이 담보하는 정당성과 설득력을 확보하는 데 집중하게 된 것이다.[24]

환영적 미술이 미술의 거대 서사에서 퇴출되고, 환영적 재현을 포기한 채 재현의 매체 자체에 관심을 갖게 되면서 모더니즘의 역사는 출

---

24 장민한, 「다원주의 시대에서 극사실 회화의 미적 가치와 비평의 문제」, 『기초조형학연구』 15권 3호, 한국기초조형학회, 2014, 351쪽.

발했다고 그린버그는 말한다.[25] 환영적 미술은 매체를 숨기면서 미술 (환영)임을 은폐하기 위해 미술을 사용했지만, 모더니즘 미술은 미술 자체에 주의를 집중시키기 위해 미술(환영)을 사용했다는 것이다. 이는 결국 무엇을 나타내기 위해 그 양식, 방법, 매체를 사용했는가의 문제로 귀결되는 바, "모든 표현 매체들이 그것이 양식화되었을 경우 동등하게 장점을 가지고 있다는 것이 인정되었고, 다른 것보다 더 나은 양식이란 없다는 것을 말하게 된 것"[26]이다. 미술이 전통적 환영의 종말을 선언함으로써 무엇이든 미술이 될 수 있는 다원주의 시대가 도래할 수 있었다.

정연두는 〈내 사랑 지니〉(2001), 〈원더랜드〉(2004), 〈로케이션〉(2006) 등을 통해 개인의 꿈을 현실로 만들어주는 '만들어진 환영'에 천착했다. 특히 개인의 꿈을 담은 개별 서사를 환기하는 풍경을 찾아내고 만드는 데 집중했다. 주어진 풍경을 배경 삼아 그에 어울리는 피사체를 구성하는 것이 아니라, 오히려 피사체의 내면에서 욕망하는 풍경을 발견하고 만들어내는 방식이다. 가라타니 고진이 말한 것처럼 풍경의 발견, 그로부터 촉발되는 내면의 발견이 근대 문학(근대적 이야기)의 시작이었다고 한다면, 정연두가 화면을 구성하는 풍경을 발견하고 구성하

25 클레멘트 그린버그, 「모더니즘 회화」, 『예술과 문화』, 조주연 역, 경성대학교 출판부, 2004, 345~346쪽.
26 장민한, 앞의 논문, 351쪽.

〈내 사랑 지니〉, 2001(정연두 작가 제공)

는 바탕에는 개인의 꿈(개별 서사)을 품은 내면을 끌어내기 위한 고투가
담겨 있다.

2001년 시작되어 세계 14개국을 돌아다니며 사람들의 꿈을 물어
보고, 그 꿈을 사진으로 실현시켰던 〈내 사랑 지니〉(2001)나 〈원더랜
드〉(2004)가 그런 작품이다. Before/After를 비교하는 사진처럼 〈내 사
랑 지니〉의 주유소 알바생은 현실 속 주유소를 떠나 어느 순간 꿈꾸
던 카레이서로 화면 속에 등장한다. 〈원더랜드〉에서는 알고도 속는 마
술처럼 유치원생이 그린 도화지 그림이 3차원 매직쇼로 전환된다. 촬
영된 어느 순간이 프레임 속에 고정되는 기존 사진과 달리, 현실과 꿈
을 나타낸 화면이 나란히 병치됨으로써 두 화면의 변화가 배태한 시간

〈원더랜드〉, 2004(정연두 작가 제공)

의 흐름이 감각된다. 환영은 현실과 연관될 때에만 환영으로서 존재할
수 있다. 막무가내식 갈망이 만들어내는 환영은 역설적으로 현실에 단
단히 발 딛고 서 있을 때 가능하다. 꿈꾸던 환영을 위해 현실을 간단히
초월하는 것은 헛된 백일몽에 가깝다. 현실을 뛰어넘는 것이 아니라,
현실과 꿈을 나란히 화면에 병치함으로써, 곧 현실을 경유하여 포월하
는 방식을 화면에 모두 노출함으로써, 꿈꾸던 환영을 현실로 믿게 되
는 믿음의 효과가 생겨난다.

〈내 사랑 지니〉의 경우, 작업된 사진을 슬라이드 프로젝션 영상으로 16초 동안 디졸브하며 보여주기도 했는데, 이때 디졸브로 인해 생기는 시간적 흐름 속에 담긴 개별 서사(피사체의 현실과 꿈을 이어주는)를 관람객 스스로 의미화할 수 있다. 인간의 행동을 연쇄적으로 나열하여 사건을 구성하고, 사건을 진행하며 갈등을 고조시켜 어느 대목을 극적인 순간으로 만들어내는 수행적 공연만큼 극적일 수 있는 시각적 효과이다. 현실과 꿈의 간극, 병치된 두 화면 사이에 생성되는 시간의 흐름, 그것을 연결하는 개별 서사는, 〈내 사랑 지니〉가 실제적 공간성을 지니는 항상적(恒常的) 완성품으로서의 공간예술의 매체로 구성되었음에도 불구하고 시공간예술(공연)을 경험하는 것[27]과 같은 효과를 창출하도록 작동한다.

사진 매체와 비디오 영상 매체가 융합되며 수행적 공연의 매체로 재창안될 때, 꿈이 현실이 되는 경험은 보다 극적인 것이 된다. 그것은 사진 매체의 구성 요소를 분석하고, 그것이 다른 요소와 결합할 수 있는 잠재성을 탐구하며, 그로부터 공연이라는 "변별적 특정성"을 지닌

---

27 흔히 회화, 조각, 그래픽, 공예, 건축 등의 조형적 예술이 공간예술로 분류된다. 공간예술 작품은 작품의 재료를 매개로 실제적 공간성을 가지는 항상적(恒常的) 완성품이 대부분이다. 이에 반해 문학이나 음악처럼 공간성이 없는 예술은 시간예술이 되고, 영화나 연극, 무용 등과 같이 공간에 형상화되면서도 항상적이고 객관적인 완성품으로 보존되지 않고 시간의 흐름에 따라 진행되는 예술은 시공간예술로 분류된다.

새로운 매체의 효과를 발견하는 과정을 통해 가능했다. 2007년 전시 과정이 공연을 구성하게 된 〈다큐멘터리 노스탤지어〉는 바로 그런 작품이다. 환영이 현실이 되는 순간을 수행적 공연으로 노출함으로써 사진의 매체로부터 재창안의 단초를 발견하고, 그 과정에서 예술(작업)과 비예술(작업을 가능케 하는 보조적 활동), 환영과 현실의 관계를 질문하는 창작자의 자의식도 반영했다.

〈다큐멘터리 노스탤지어〉는 방, 도시, 거리, 농촌, 숲과 산 등 6개의 장면이 실내 세트장에서 만들어지고 변화되는 실제 과정을 중계한 비디오 영상 설치작품이다. 그것을 가능하게 한 것은 시간을 기록한 자료의 수집과 분석, 아카이빙 작업이다. 대개의 영상이 카메라가 움직이며 필요한 장면을 촬영하는 것과 달리 이 작품은 카메라는 고정된 채 롱테이크샷으로 공연자(performer)에 의해 달라지는 실내 세트장의 풍경을 담아낸다. 이때의 공연자는 흔히 실내 세트장을 만드는 작업자로 위치할 수 있지만, 〈다큐멘터리 노스탤지어〉에서는 이들의 존재와 작업이 노골적으로 노출됨으로써 공연하는 몸(혹은 움직임)이라는 매체로 정립된다. 실내 세트장을 만드는 실제 과정을 중계하는 과정이 그대로 공연이 되는 것이지만, 공연자의 의미를 해석하고 판단하는 것은 관람객의 선택에 맡겨진다는 점에서 다분히 수행적이다.

〈다큐멘터리 노스탤지어〉에서는 누군가의 거실에서 시작된 실내 세트장의 풍경이 도심 변두리 동네로 변했다가 다시 벼 익어가는 황금 들판으로 변하고 또다시 울창한 숲으로 바뀌는 과정이 생생하게 중계

된다. 실재같은 환영을 창출하는 것이 아니라, 그러한 환영이 어떤 현실적 조작을 통해 실재로 설득되는가를 카메라에 노출하되, 시간의 흐름에 의한 공간의 변화를 85분짜리 롱테이크 다큐멘터리로 만들어내는 방식이다. 화면이 움직이며 변화할 때 생성된 시간의 흐름은 이 작품을 공간예술(미술)이 아닌 시공간예술(공연)에 근접케 한다. 마술처럼 변화하는 각 장면은 인과적 연관에 따라 배열되지 않기에 오히려 장면 간 연관을 찾는 과정에서 내재된 개별 서사를 떠올릴 수 있고, 그것이 잊고 있던 노스탤지어를 자극하게 된다.

〈다큐멘터리 노스탤지어〉의 실내 세트장에서 실재하는 듯한 완벽한 환영을 만들기 위해 고군분투하는 형광색 작업복 차림의 공연자들은 일종의 "비(非)-매트릭스적 연기"를 선보이는 셈인데, 그들은 영상 프레임 혹은 이야기의 매트릭스 바깥에 위치하며 그 자체 리얼리티가 된다. 말하자면 그들의 존재는 "지금 보고 있는 장면은 실재가 아닙니다, 예술 작업으로 만들어진 풍경입니다, 풍경이 아니라 그것을 만드는 과정에 집중하세요."라는 식의 이화(異化) 작용을 한다. 만들어지는 장면에 동화(同化)되려는 순간 환기되는 그들의 존재는 환영을 위해 반드시 필요한 현실, 구체적으로 환영을 가능케 하는 (예술) 노동이라는 현실이 되고,[28] 실재와 환영, 재현과 현존의 관계를 성찰케 한다.

---

28 김기란, 「DMZ에 숨어 있는 이야기를 찾아서 -〈DMZ 극장(2021)〉」, 『DMZ 극장』, 국립현대미술관, 2021, 36쪽.

〈씨네매지션〉(2009)은 마술사 이은결이 함께한 공연이다. 마술은 정연두의 작품에서 현실과 환영을 초현실적으로 매개하기 위해 꼭 필요한 기술이다. 마술이 곧 예술이 될 수는 없어도, 예술은 마술과 같은 효과를 필요로 한다는 지점에서 두 사람은 의기투합한다. 〈씨네매지션〉에서 이은결은 마술의 트릭을 모두 공개한 후, 다시 똑같은 마술을 보여준다. 마술이라는 프레임 바깥과 안이 현장에서 직접 공연되었고 영상으로 촬영되었다. 〈씨네매지션〉에서 확인되었듯, 환영이 만들어지는 아날로그적 트릭의 과정을 노출해도 환영을 진짜로 믿는 믿음은 대부분 굳건히 유지된다. 정연두는 〈씨네매지션〉에서 극장 안 공연을 통해 환영이 만들어지는 과정을 관객 눈앞에서 노출하면서, 그 믿음을 거듭 확인한다. 누구나 지리멸렬한 현실 속에서 환영 같은 꿈을 품고, 현실에서 가능하지 않은 누군가의 꿈을 상상적으로 구현하는 것이 예술이 될 수 있음을, 예술은 환영을 현실처럼 믿게 만드는 힘을 내장함을, 수행적 공연 과정을 통해 확인한 것이다.

3.2. 매체의 재창안, 전시가 관광이 되는 공연

김남수는 정연두의 작품을 "안무적 사진"[29]이라 표현한 바 있다. 외적으로는 사진이지만 내적으로는 안무처럼 시간의 흐름을 타고 움직

29　김남수, 「머릿속 풍경을 만드는 안무적 사진」, 『정연두』, 대구미술관, 2014.

인다는 의미로 읽힌다. 정연두는 〈다큐멘터리 노스탤지어〉(2007) 이후 지속적으로 평면의 화면을 구성하는 매체들에 시간의 흐름을 부여하는 방식을 탐색한다. 그것은 시간의 흐름을 반영하는 서사를 적극적으로 경유하면서 보다 구체화된다. 개별 서사에 시간이 작용하여 스토리텔링이 이미지로 변화하는 과정을 실시간 영상으로 옮긴 〈수공기억〉(2008)이나 〈드림카페〉(2017)가 그런 작품이다.

공연연출가 수르야[30]와 정연두의 첫 작업이었던 〈수공기억〉은 환영과 현실의 어느 지점에 잠재된 누군가의 기억을 서사와 영상의 병치(竝置)를 통해 시각적으로 구현한 작품이다. 한 노인이 자신의 기억을 구술하면, 실내 세트장에서 그 기억의 내용을 하나의 화면으로 시각화하고, 그 과정을 영상에 담았다. 서사를 구성하는 사건은 시간의 흐름에 따른 행동의 연쇄를 통해 구성된다. 사건은 멈춰진 행동이 아니라 행동의 진행을 의미한다. 정연두의 이전 작품처럼 〈수공기억〉과 〈드림카페〉 역시 서사 주체의 숨겨진 꿈과 욕망의 내용이 하나의 화면으로 구현될 뿐, 화면의 연쇄를 통해 행동의 진행, 곧 사건을 구성하지는 않는다. 다만 꿈과 욕망의 실시간 시각화라는 과정 자체가 서사 주체

---

30 수르야는 공연연출가 김수현의 작업명이다. 한양레퍼토리 출신의 김수현은 2008년 한국 연극 100주년 기념공연인 '고전 넘나들기' 시리즈 중 하나로 기획된 김우진의 1926년 작 〈산돼지〉를 아르코 소극장에서 공연했다. 카바레 쇼와 극적 연기가 서사를 매개로 결합되는 과정을 탐구한 〈카바레 연극 몬스터〉(2009)를 공연했고, 이후에는 정연두와의 협업에 집중하고 있다.

⟨DMZ 극장⟩, 2021(정연두 작가 제공)

들에게 하나의 사건으로 감각될 수는 있었다.

2021년 9월 국립현대미술관에서 전시되고 공연된 ⟨DMZ 극장⟩은 정연두의 기존 작업에서 마치 캔버스와 유화의 관계처럼 일종의 '기술적 지지체(support)'[31]로 작용하던 다양한 매체들이 시공간예술인 공연을 구성하는 동력으로 작동하는 한편, 사건을 배태한 본격적인 서사를 구성한 작품이다. 활용된 매체들은 서로 유기적 연관을 맺으며 공연예술

---

[31] 크라우스의 기술적 지지체(support)의 개념에 대해서는 신양섭, 「포스트 미디어 개념의 논쟁적 지평들」, 『Preview』 16권, 한국디지털영상학회, 2019 참조할 것.

〈DMZ 극장〉, 2021(정연두 작가 제공)

을 감각하는 것과 같은 미감을 제시했고, 그 과정에서 전시된 작품이 지각되고 소비되는 방식을 재정립했다. 전시된 사진은 배경처럼 기능하고, 사람들의 인터뷰 영상이 실시간 송출되는 가운데, 7명의 공연자의 몸과 조형적 오브제의 상호작용 속에서 DMZ의 역사, DMZ의 변화가 담긴 시간의 흐름이 서사를 구성했다. 사진, 영상, 조형적 오브제, 공연자의 몸이 유기적 연관을 맺는 매체로 기능했기에, 그중 하나의 연관이라도 끊어지면 〈DMZ 극장〉에서 의도된 서사는 불완전해진다. 현실이면서도 비현실적인 DMZ이라는 공간의 속성은 사진, 영상, 조형적 오브제, 공연자의 몸 각각이 지닌 매체적 속성에 반영되는 한편, 기존 예술 장르의 지시 행위를 보존했던 매체 특정성[32]을 넘어, 그것들의 새로운 연관 관계를 통해 재창안되었고, 그 결과 〈DMZ 극장〉은 전시, 설치, 공연 무엇으로도 규정할

---

32   최종철, 「로잘린드 크라우스 포스트 미디엄 이론의 이중성에 관한 변증적 고찰」, 『미학예술학연구』 46호, 2016, 218쪽.

수 없는 다원예술이 되었다.

〈DMZ 극장〉(2021)은 2017년 정연두가 '리얼 DMZ 프로젝트'에 참여하면서 시작된 작품이다. 정연두는 동부전선에서 서부전선에 이르는 DMZ 내 13개의 전망대를 찾아 사계절의 풍경을 카메라에 담았다. 사진을 찍는 틈틈이 한편으로는 전쟁과 분단, 냉

〈DMZ 극장〉, 2021(정연두 작가 제공)

전과 반공이 반영된 일화들, 다른 한편으로는 지명에 얽힌 설화들을 수집하고 군인들을 인터뷰했다. 그렇게 수집된 이야기들이 공연연출가 수르야와의 협업을 통해 13개의 극장, 13개의 독립적 이미지로 탄생했다. 각각의 이야기를 품은 전망대의 장면마다 전망대의 이름을 딴 제목이 붙여졌다. 남한 체제의 우월성을 북한에 과시하기 위해 1992년 미스코리아 대회 수영복 심사가 열렸던 을지전망대(〈을지극장〉)와 1953년 휴전 후 포로 교환을 했던 '돌아오지 않는 다리'가 보이는 도라전망대(〈도라극장〉)의 사진은 2019년 문화역서울 284와 서울시립미

술관에 전시되었다. 2020년에는 지하주차장을 무대 삼아 몇몇 장면이 〈DMZ 극장〉 쇼케이스로 공연되었고, 2021년 9월, 13개 전망대에서 촬영된 사진과 수집된 이야기 전체가 〈DMZ 극장〉으로 전시, 공연된 것이다.[33]

전시된 사진, 설치된 오브제와 함께 공연된 〈DMZ 극장〉에서 관람객들은 DMZ를 관광하는 관(觀)객이 된다. 그들의 관광은 분단을 다룬 영화와 다큐멘터리를 통해 학습되고 내면화된 DMZ 관련 정보를 관광 가이드의 입을 통해 새삼 확인하는 관광이 아니라, 전시장의 모든 매체가 환기하는 감각을 통해 DMZ에 숨겨진 비극적 서사를 떠올리는 일종의 '다크 투어리즘' 관광이다. 관광이 된 〈DMZ 극장〉은 수행적 효과를 끌어낸다. 실제 DMZ 전망대는 무대 위 주어지는 장면처럼 제한적으로 저쪽의 삶과 풍경을 관찰할 수 있을 뿐이다. 하지만 〈DMZ 극장〉에 입장한 관(觀)객들은 수행되는 DMZ를 함께 '목격'하게 된다. 관찰은 거리를 둔 관조에 가깝지만, 목격은 그것의 대상이 무엇이든 함께 나누는 직접적 체험에 가깝다.[34] 〈DMZ 극장〉에 입장한 관(觀)객들은 공연을 구성하는 일부가 되어, 서로 보고 보이는 관계 속에서, 매체가 환기하는 서사를 스스로 의미화된다. 공연은 살아 있는

---

33 김기란, 앞의 글, 48쪽.

34 김기란, 「일상의 퍼포먼스, 투어리즘과 다크 투어리즘」, 『드라마연구』 63호, 한국드라마학회, 2021, 26쪽.

인간 몸의 움직임 속에 시간의 압축, 비약, 흐름을 담아낸다. 전시장의 고정된 사진(화면)과 조형물에 DMZ의 역사라는 시간의 흐름을 부여한 것은 공연자들의 몸이다. 그들이 보여준 연쇄적인 움직임은 실제 시간의 흐름을 감각케 하고, 서사의 사건을 구현한다. 그것의 내용은 아버지의 아버지, 어머니의 어머니로부터 들어봤을 법한 개인적 에피소드, 이념으로 채워진 채 상상으로 완성되었던 DMZ에 떠도는 전설 같은 이야기들이다.

가령 2012년 8월, 사미천을 통해 귀순한 북한 병사가 있었다. 귀순 당시 그는 키 155cm, 몸무게 43kg의 왜소한 체구였으나, 귀순 후 키가 165cm까지 크고 몸무게도 63kg까지 늘어났다는 이야기가 DMZ 주변에서 회자된다. 승전 OP에서는 '레클리스'라는 전투마의 이야기가 회자된다. 본래 아침해라 불리던 이 경주마를 난리통에 지뢰를 밟아 다리를 잃은 누이의 의족을 구하던 말 주인이 미군에게 팔았다. 천리마이자 천재마였던 레클리스는 전쟁에 투입된다. 가장 치열했던 전투 중 하나로 꼽히는 네바다 전초 전투에서는 탄약 보급소에서 산 정상까지 51회를 왕복하며 포탄을 날랐다고 한다. 전투 당일 사용한 포탄의 95%인 약 4000kg의 탄약을 혼자서 운반한 것이다. 레클리스는 한국 전쟁에서 세운 공로를 인정받아 많은 훈장과 표창장을 받았고, 1997년 『라이프 매거진(Life Magazine)』 특별호는 레클리스를 미국 100대 영웅에 선정했다. 이처럼 현실/비현실, 공식/비공식의 틀을 넘나드는 이야기들은 바로 DMZ이라는 공간의 특성이며 DMZ가 품고 있는 시간의 본질이기도 하다.

　DMZ라는 공간과 이 공간에 갇혀 있던 시간은 공연자의 몸이라는 매체의 '–텔링(telling)'을 통해 서사로 환기된다. 발터 벤야민(Walter Benjamin)은 근대 자본주의의 시작과 함께 스토리텔링(storytelling)이 소멸하고, 그것을 대신할 정보가 등장할 것이라고 예견했다.[35] 그 옛날 가보지 못한 공간, 살아보지 못한 시간을 거쳐 사람들 사이에서 구전(口傳)되던 이야기에 영혼과 생명을 불어넣는 것은 이야기꾼의 몫이었다. 이야기꾼에 의해 '텔링'되며 이야기는 이야기를 낳고 새로운 이야기로 변형되고 재창안되었다. 이야기꾼이 들려주는 이야기는 비록 검증할 수 없더라도 구전이라는 '사회공동체의 말'이 부여하는 힘과 권위를 지니고 있었다. 반면 정보는 "시간, 공간적으로 가장 가까이 있는 것, 빠른 검증, 그 자체로 이해될 것"[36]이라는 속성을 지니며 그 자체 소비된다. 마찬가지로 DMZ의 공식적인 이야기에는 정보를 전달하는 '스토리–'만 있을 뿐, 이야기꾼의 '–텔링'이 없다. 정보에는 스토리텔링이 가능케 하는, 경험을 나누는 아우라를 담을 수 없다. 〈DMZ 극장〉이 매체의 재창안을 통해 경험케 한 것은 정보가 제공할 수 없는 아우라였고, 그것이 바로 다원예술이 제시하는 새로운 미감이 될 수 있다.

35　발터 벤야민, 「얘기꾼과 소설가」, 『발터 벤야민의 문예이론』, 반성완 역, 민음사, 1995, 165~166쪽.

36　위의 글, 172쪽.

스토리텔링의 권위가 박탈되었던 이유는 "경험의 가치가 하락"했기 때문이다.[37] 〈DMZ 극장〉을 통해 정연두는 본래 이야기꾼의 운명이 그러했듯이, 잃어버린 개별적 서사, 곧 경험의 가치를 복원한다. 그 자체로 아름다운 조형적 오브제들은 몇 년간의 DMZ 아카이빙 작업에 참여한 모두의 소회(所懷)를 담은 집적물이자, 13개의 전망대를 50회 이상 방문하며 찾아낸 창작자와 작업자들의 마음 속 DMZ 풍경일 수도 있다. 그 안에서 발견한 서사, 경험의 아우라를 전달하는 이야기꾼을 자처하는 것은 포렌식 정보가 난무하는 현대 사회에서 예술만이 가능한 특별한 몫(운명)이다.

4. 나가며

이 글에서는 크라우스의 '포스트-매체' 담론을 경유하여 다원예술로 이해되는 정연두 작업의 창작 원리를 고찰했다. 특히 공연예술학의 입장에서 미술관의 전시를 공연(혹은 퍼포먼스)으로 확장하는 그의 작업에 주목했다. 정연두의 첫 개인전이었던 〈보라매 댄스홀〉(2001)과 이후의 주요 작품을 살펴, 그것들이 사진예술의 매체 특정성을 '포스트(post-)' 하여 공연예술을 구성할 수 있는 잠재적 가능성을 배태하고 있

---

37 위의 글, 166쪽.

음을 살펴보았고, 그러한 잠재적 가능성이 포월적(匍越的)으로 총합되어 공연예술의 새로운 미감을 제공한 〈DMZ 극장〉(2021)도 분석했다.

매체 간 횡단을 통해 새로운 예술 장르가 발현되었던 것은 역사적으로 새삼스러운 일은 아니다. 해체, 융합, 복합이라는 말이 유행처럼 소비되는 21세기 디지털 기술의 시대, 코로나 상황 속에서 매체 간 재매개의 양상까지 더해지면서 다원적 예술 현상은 일반적 문화 현상으로 자리잡고 있다. 하지만 다원예술은 그것이 전제하는 다원주의를 반영한 창작 방식, 곧 특정 예술 장르만의 가치를 위시하거나 위계화하지 않고 각 장르를 민주적으로 융합해야 한다는 식의 진술만으로는 설명될 수 없다. 이런 맥락에서 정연두의 작업은 다양한 매체를 융합하는 외형적 측면에서의 다원예술이 아니라, 포월적 방법으로 매체 특정성을 넘어 매체를 재창안하는 측면에서의 다원예술로 이해될 수 있다.

예술은 누군가의 꿈을 초-현실적으로 현실 속에 구현하는 작업이라는 자의식이 투영된 정연두의 일련의 작업은 매체 특정성에 대한 탐구를 바탕으로 기존 매체의 본질적이고 물질적인 속성을 버리지 않은 채 그것을 수용하고 포월하여 변별적 특정성을 확보하는 매체의 재창안 과정을 담고 있다. "다루고 있는 장르의 비전문가의 입장에서라도 핵심을 보고 표현할 수 있으면 된다는 것이 정연두가 생각하는 2000년대의 작가정신"이라는 미술 평단의 평가는 이에 닿아 있다. 이러한 그의 작업의 특성을 고려할 때 정연두를 미술작가 혹은 사진작가로 이해하는 것은 예술 장르와 매체 특정성이 관계하는 관습이 반영된 결과

일 뿐이다. 엄연히 존재하는 개별 예술의 관습 및 영역 간 경계 의식을 모호하게 감춘다는 다원예술에 대한 흔한 오해 역시 예술 장르와 매체의 관계를 고정적인 것으로 이해하는 태도로부터 생겨난다.

매체 간 융합을 통해 다원예술이 지향하는 비범한 혁신이 가능하리라는 점은 분명해 보인다. 매체는 특정 예술 장르가 기술적 혹은 물질적 지지체 위에서 작용하고 분절하거나 작업할 수 있게 하는 관습들 사이의 관계를 포함할 뿐이다. 〈DMZ 극장〉이 사진 전시, 실시간 송출되는 영상, 조형적 오브제의 설치미술, 살아 있는 인간의 몸을 통한 공연 등, 매체와 기존 예술 장르가 관계하는 관습에 얽매이지 않는 다원예술이 될 수 있는 것은 이미 규정되어 패권화된 예술 매체의 특정성을 포월하여 재창안되는 실험을 마다하지 않은 도전 의식 때문이다. 다원예술의 본질을 "삶과 역사에 대한 새로운 탐구 방식과 태도"[38]로 이해할 수 있다면, 그 시작은 이처럼 예술 장르와 특정 매체가 맺어온 관계에 대한 강박을 해체하는 실험과 도전이 될 것이다.

영화는 필름을 통해 살고, 비디오는 영화를 통해 살고, 영화는 문학을 통해 살고, 무용은 연극을 통해 살 수 있다. 아날로그 시대의 예술 매체는 디지털 기술을 통해 새로운 매체로 재창안될 수 있다. 그러나 재창안이라는 방법이 다원이 아닌 '예술'이 되기 위해서는 지금 우리

---

38 김성희, 「다원예술−삶과 역사에 대한 새로운 탐구방식과 태도」, 『연극평론』58호, 한국연극평론가협회, 2010.

에게 예술의 의미는 무엇인지, 예술 작업의 의미는 무엇인지를 성찰하는 창작자의 자의식이 요구된다. 정연두에게 그것은 때로는 누군가의 꿈과 기억을 예술을 경유하여 현실로 구현하는 것이고, 때로는 사회공동체의 잊혀진 경험의 가치를 복원하는 것이다.

참고문헌

1차 자료

국립현대미술관, 『올해의 작가 정연두, Memories of you』, 2007.

대구미술관, 『정연두』, 2014.

국립현대미술관, 『DMZ 극장』, 2021.

한국문화예술위원회 시각예술부, 『아르코 미디어 비평 총서 시리즈 10-1』, 2018.

──────────────────, 『아르코 미디어 비평 총서 시리즈 10-2』, 2018.

2차 자료

권경용·김규정, 「INTER-MEDIA ART에서 착종(錯綜) 현상에 관한 고찰」, 『예술과 미디어』 10권 2호, 예술과 미디어학회, 2011.

김기란, 「DMZ에 숨어 있는 이야기를 찾아서 -〈DMZ 극장(2021)〉」, 『DMZ 극장』, 국립현대미술관, 2021.

───, 「일상의 퍼포먼스, 투어리즘과 다크 투어리즘」, 『드라마연구』 63호, 한국드라마학회, 2021.

김남수, 「머릿 속 풍경을 만드는 안무적 사진」, 『정연두』, 대구미술관, 2014.

김성호, 「박경진展 - 삶과 미술현장을 포월하는 공간회화」, 2019. https://blog. naver.com/mediation7/221460968706 (2021년 7월 22일 접속)

김성희, 「다원예술 - 삶과 역사에 대한 새로운 탐구방식과 태도」, 『연극평론』

58호, 한국연극평론가협회, 2010년 가을호.

김지훈, 「매체를 넘어선 매체 : 로절린드 크라우스의 '포스트-매체' 담론」, 『북해에서의 항해. 포스트-매체 조건 시대의 미술』, 현실문화 A, 2015.

김진석, 『초월에서 포월로』, 솔, 1996.

남선희·조은숙, 「다원예술 작품의 특성에 관한 연구-작품 〈바이올린 페이즈〉, 〈마담 플라자〉, 〈아무 일도 일어나지 않는 곳으로의 10번의 여행〉을 중심으로」, 『무용예술학연구』 67집, 한국무용예술학회, 2019.

로절린드 크라우스, 『북해에서의 항해 : 포스트-매체 조건 시대의 미술』, 김지훈 역, 현실문화 A, 2015.

박영선, 「예술적 실천으로서의 디지털 아카이빙과 사진의 상호관계」, 『기초조형학연구』 15권 6호, 한국기초조형학회, 2014.

발터 벤야민, 「얘기꾼과 소설가」, 『발터 벤야민의 문예이론』, 반성완 역, 민음사, 1995.

신양섭, 「포스트 미디어 개념의 논쟁적 지평들」, 『Preview』 16권, 한국디지털영상학회, 2019.

신현경, 「포스트모더니즘의 包越로서 詩書畵 修行論에서의 象徵性의 역할」, 『동양예술』 23호, 2013.

오선명, 「융복합 예술개념에서 무용의 양식적 특성에 대한 담론 : 〈소아페라(Soapéra)〉, 〈에스카톤(Eskaton)〉, 〈거리에서(En route)〉를 중심으로」, 『무용예술학연구』 67집, 한국무용예술학회, 2017.

윤지현, 「다원예술의 탈경계성에 관한 연구-복합적 실험적 무용공연을 중심으로」, 『대한무용학회논문집』 71권 2호, 2013.

장민한, 「다원주의 시대에서 극사실 회화의 미적 가치와 비평의 문제」, 『기초조형학연구』15권 3호, 한국기초조형학회, 2014.

정소진, 「1960년대 미국에서 나타난 예술과 과학기술의 융합 프로그램 연구 :
　　　LACMA의 A&T와 벨 연구소의 E.A.T.를 중심으로」, 홍익대학교 석사
　　　학위논문, 2019.

정현, 「다원예술, 그 경계의 불확실성」, 『Art in Culture』, 2010년 5월호.

최종철, 「로잘린드 크라우스 포스트 미디엄 이론의 이중성에 관한 변증적 고
　　　찰」, 『미학예술학연구』46호, 2016.

금융자본주의와 대중적 극작술

: 시모리 로바의 〈hedge1-2-3〉을 중심으로

이 성 곤

Roba
Shimori

금융자본주의와 대중적 극작술[1]
시모리 로바의 〈hedge1-2-3〉을 중심으로

1. 글로벌 자본주의와 '포스트 부르주아'의 탄생

지금 한국 사회에는 주식이라는 거대한 열풍이 휘몰아치고 있다. MZ세대 사이에서는 물론 '소년 개미'로 불리는 미성년 계좌도 급증하고 있다고 한다. 유례가 없던 일이다. 혹자는 〈오징어게임〉이라는 드라마가 세계적 신드롬을 불러일으킨 것도 이러한 현상과 무관하지 않다고 해석한다. '가장 비생산적인 금융자본의 이자놀이에 기반한 기생 계급들'의 욕망을 어릴 적 놀이에 결합한 화폐 게임이라는 분석이다.[2]

1 　이 글은 졸고 「금융자본주의와 대중적 극작술 : 시모리 로바의 'hedge 시리즈'를 중심으로」(『연극평론』 2021년 겨울호(통권 103호))를 수정, 보완한 것이다.
2 　https://www.khan.co.kr/opinion/column/article/202110090300005 (검색일 : 2021.10.10.)

알랭 바디우의 말처럼 우리 사회에서도 "글로벌 자본주의의 객관적 승리"[3]를 확인할 수 있는 지표들을 쉽게 찾아볼 수 있다.

물물교환과 금본위 제도 아래의 본위 화폐 시대 이후의 화폐란 일반적으로 종이와 주화로 대체된 '기호 화폐'를 일컫는다. 나아가 오늘날에는 기호가치가 실물가치를 지배하는 현상이 일반적이다. 장 보드리야르가 20세기 이후의 사회를 '소비의 사회'라고 부른 것도 이런 이유에서다. 재화의 사용가치나 실질가치(애덤 스미스와 마르크스의 용어를 빌리자면 교환가치)보다 '기호가치'가 경제활동의 척도가 된 것이다.

이러한 기호자본주의는 가치의 무작위성이라는 영역, 그리고 법과 도덕적 판단의 무작위성이라는 영역을 장악했다. 포스트포디즘이라 불리는 신자유주의 시대에서는 비물질적 노동의 생산물과 인지노동을 적절히 측정하기 어려워짐에 따라 노동-시간과 가치의 관계가 위태로워진다.[4] 그래서 급기야 '오늘날 부르주아지는 사라졌다'[5]는 명제까지 등장하기에 이르렀다. 금융자본을 중심으로 한 탈영토화로 인해 영토나 공동체와는 무관한 '포스트부르주아' 계급이 생겨났다는 의미에서다. 특정한 영토나 공동체에 토대를 두지 않고 지구 이곳저곳을

---

3   알랭 바디우, 『우리의 병은 오래 전에 시작되었다』, 이승재 역, 자음과모음, 2016, 27쪽.
4   프랑코 '비포' 베라르디, 『죽음의 스펙터클』, 송섬별 역, 반비, 2016, 99쪽.
5   위의 책, 101쪽.

무대로 삼아 옮겨 다니며 비즈니스를 행하는 새로운 계급이 탄생한 것이다. 국가와 공동체의 이익과 미래에는 관심이 없는 '실체가 모호한' 계급이다. 이러한 계급을 가리켜 '가상적 계급'[6]이라고 부르기도 한다. 이 계급은 자신들이 투자한 몫을 다른 데로 이전하는 특징을 보이며, 온라인 증권거래나 첨단 기술을 이용한 무형의 생산 등 가상적 행위로 이익을 얻으며, 실제로 존재하지 않는다는 공통점을 보인다.

이러한 분위기 속에서 2021년 7월에는 대학로 연우소극장에서 흥미로운 작품 하나가 공연되었다. 극단 놀땅의 〈내부자거래〉라는 작품이다. 원제목은 〈insider-hedge 2〉로 일본의 펀드 운용사 이야기를 한국 상황으로 각색하여 무대화했다. 주식시장의 지배력이 확장되어가는 한국 사회에 시의적절한 무대로 보인다. IMF나 리먼 쇼크 같은 대형 금융사건의 결과로 빚어진 사회문제가 드라마의 소재로 사용된 예를 일일이 세는 것조차 어렵지만, 정작 그러한 사회적 위기를 초래한 금융문제에 주목한 연극은 한국 무대에서는 찾아보기가 어려웠다. 이 글의 문제의식은 바로 여기에서부터 시작되었다.

---

6   위의 책, 101쪽.

2. 일본 자본주의의 빛과 그림자, 〈hedge1-2-3〉

〈내부자거래〉의 원작자는 시모리 로바(詩森ろば)다. 일본에서도 전국 단위의 심층 취재를 바탕으로 선 굵은 이야기들을 독자적인 관점으로 무대화하는 것으로 잘 알려진 작가다. 〈내부자거래〉처럼 금융은 물론 오키나와 미군기지, 사할린 잔류 조선인, 복지차량이나 생리대를 개발하는 대기업, 일본 유일의 프로 아이스하키팀에 이르기까지 일본 사회의 문제점을 매우 다채로운 시각에서 문제제기하는 사회파 작가로 불리기도 한다. 수상 경력도 화려하다. 2013년에 요미우리 연극대상 우수 작품상, 2016년 기노쿠니야 연극상, 2018년 문부과학대신 신인상, 그리고 2020년에는 영화 〈신문기자〉로 일본 아카데미상 우수각본상, 2021년 요미우리 연극대상 우수연극상 등을 수상하기도 했다. 그런데 시모리 로바는 〈내부자거래〉 공연 이전에 이미 한국 무대에 소개가 된 적이 있다. 2018년 3월 한일연극교류협의회가 주최한 제8회 현대일본 희곡낭독공연에서 〈Insider-Hedge2〉(최진아 연출)라는 제목으로 출판, 낭독 공연 되었다. 『현대일본희곡집 8』에 희곡이 수록되어 있어 이미 텍스트로 먼저 접한 독자들도 있을 것으로 짐작된다.

그런데 2021년, 시모리 로바는 2018년 새롭게 결성한 유닛 'serial number'를 통해 〈hedge1-2-3〉(이하 'hedge 시리즈')을 연달아 시리즈로 일본 무대에 올렸다. 이 작품은 경제와 금융의 관점에서 일본 사회를 그려낸 것은 물론 소위 '금융엔터테인먼트'라는 슬로건을 내세우며 또

〈내부자 거래〉

다시 주목을 받았다. '금융'과 '엔터테인먼트'라는 매우 이질적으로 보이는 두 요소의 합성이 관심과 호기심을 자극한다. 다소 난해하게 여겨지는 금융세계와 오락적·대중적 문화활동으로서의 엔터테인먼트. 왜 시모리 로바는 굳이 '금융엔터테인먼트'라는 말을 고집했을까?

'hedge 시리즈'는 신자유주의 시대 '일본 자본주의 사회의 빛과 그림자'를 그리고 있는 작품으로 소개되고 있다. 시모리 로바는 2013년 일본 최초의 본격 경제연극으로 기업재생펀드인 바이아웃펀드를 소재로 〈hedge〉를 공연했으며, 2016년에는 바이아웃펀드 창설 멤버이자 엘리트 사원이 저지른 내부거래와 이를 둘러싼 사찰, 숨막히는 공방을 그린 속편 〈insider-hedge 2〉를 공연했다. 그리고 2021년에는 내부거래로 실추된 신용을 만회하기 위해 분투하는 '금융맨'의 모습을 그린 신

〈내부자 거래〉

작 〈trust-hedge 3〉를 발표했다. 그리고 2021년 〈hedge1-2-3〉이라는
제목으로 세 편의 시리즈를 연속으로 무대에 올렸다.

 'hedge 시리즈' 내용을 간단히 살펴보자. 〈hedge 1〉(이하 1편)은 일본
최초의 바이아웃펀드[7] 회사를 만드는 과정을 그린 드라마다. 일본 최
초의 바이아웃펀드 매튜리티파트너스(이하 매튜리티)가 주 무대다. 실
적 부진 기업을 인수해 경영을 재건하고 기업 가치를 높인 다음, 고가
로 매각하여 이익을 남기는 회사다. 세계 최대 투자은행 아델슨 캐피

7　사전에 따르면 바이아웃펀드는 부실기업의 경영권을 인수한 후, 구조조정이나
　다른 기업과의 인수·합병(M&A)을 통해 기업 가치를 올리고 지분을 다시 팔
　아 수익을 내는 사모펀드의 일종이다.

탈 일본인 최초 파트너인 모테기에게 과거 부하직원이었던 가지키가 찾아온다. 그가 아델슨 캐피탈을 그만뒀다는 정보를 듣고 찾아온 것이다. 가지키는 거액의 돈을 모은 다음 2~3년 편히 쉬고 싶다는 모테기에게 일본 최초의 바이아웃펀드를 함께 만들어보자는 제안을 한다. 여기에 일본 최고의 금융맨으로 통하는 이토다와 가타기리, 고쿠분과 다니가와가 합류하여 매튜리티를 설립한다. 첫 번째 미션은 ㈜가이토라는 크레인 회사의 인수합병에 관한 것. 가이토 임원과 직원들의 불신과 의심, 반발 속에 합병이 추진되지만 결국 모두가 이익을 창출할 수 있는 건전한 투자모델을 만든다는 논리로 함께 힘을 합친다는 내용이다. 기업경영과 구조조정, 이윤 창출에 대한 의견 충돌은 존재하지만 치명적인 갈등 상황은 벌어지지 않는다. 금융 전문가들의 사명과 갈등을 치밀한 리서치와 사실을 기반으로 그려냈다.

〈insider-hedge 2〉(이하 2편)는 1편으로부터 3년이 지난 시점에서 시작한다. 그사이 매튜리티는 일본 금융계를 대표하는 회사로 성장했다. 1편과 달리 작품은 시작부터 갈등 요인이 전면에 등장한다. 그런 점에서 어쩌면 가장 대중적인 작품이 아닐까 싶다. 'Inside'라는 제목에서 짐작할 수 있는 것처럼 주식의 내부자거래 의혹을 조사하기 위해 증권거래감시위원회 조사위원들이 들이닥치면서 본격적으로 극이 전개되기 때문이다. 내부자거래란 상장회사의 주주가 내부정보를 이용하여 주식을 매매, 부당이득을 취하는 행위를 말한다. 매튜리티와 조사위원 사이의 숨막히는 공방 끝에 마지막 장면에 이르러 범인이 밝혀진다. 회사의 설립자이자 대표인 가지키가 조사위원회 출두를 앞두고 극단적인 선택을 했다는 소식이 전해지면서 막을 내린다. 얼핏 본격 추리극이나 수사극처럼 결말에 대한 서스펜스를 기대할 만하지만 사실은 그렇지 않다. 전편인 〈hedge 1〉의 마지막 장면 다니가와의 긴 독백 장면에서 이미 가지키가 내부자거래 수사를 받던 중 스스로 목숨을 끊었다는 정보가 제공되기 때문이다.[8] 그뿐만 아니라 2편의 첫 장면에서 매튜리티의 가타기리 역할을 맡은 남자4는 가지키 역할을 맡은 남자2를 가리켜 "이 연극은 내부자로서 이상을 꿈꾸고 열정을 불태우고 있던 당신이, 금융의 어두운 세계에 어떻게 발을 들여놓게 되었는지에 대한 이야기입니다."라며 미리 범인을 알려주기 때문이다. 결과보다는 과정에 대한 집중을 이끌어내기 위한 드라마트루기 전략이라고 볼 수 있다.

3편인 〈trust-hedge 3〉는 'hedge 시리즈'의 완결판이라고 할 수 있다. 제목 그대로 내부자거래로 실추된 신뢰를 다시 회복하기 위해 노력하는 인물들의 모습이 주가 된다. 매튜리티의 등장인물은 가지키를 제외하고 동일하다. 여기에 4명의 여성인물이 등장한다는 점이 특징적이다. 참고로 1~2편의 등장인물은 모두 남성이었다(한국 공연에서는 2명의

---

8 "내부자거래 의혹으로 매튜리티에 조사위원들이 들이닥쳤고, 가지키는 참고인으로 호출되었고, 그 다음날 스스로 목숨을 끊었습니다. … 금융에 관계한 사람의 죽음치고는 매우 안타까운 일입니다."

여성인물이 등장했다). 대기업 임원으로 승진한 나리미야가 모테기의 학창시절 연인으로 등장한다. 부하와 함께 커피 회사 창업을 준비하고 있으며 모테기에게 도움을 요청한다. 동시에 매튜리티는 PHS라는 통신사업 재건에 노력한다는 이야기다. 파격적인 통신요금 가격인하 계획 정보가 경쟁사에 넘어가면서 2편에서처럼 범인을 둘러싼 긴장감이 살짝 조성되지만 별다른 극적인 장치 없이 영업부 직원의 소행임이 바로 제시되며 갈등 상황은 해소된다.

3. 왜 '금융엔터테인먼트'인가?

그렇다면 앞에서 던진 질문을 다시 떠올려보자. 시모리 로바는 왜 '금융엔터테인먼트' 시리즈를 썼을까? 그[9]가 이 어렵고도 '비대중적인' 소재를 가지고 작품을 쓰게 된 데에는 나름의 이유가 있다. 그는 1993년 '후킨코보(風琴工房)'라는 극단을 창단한 이후 극단의 모든 대본과 연출을 혼자 담당해왔다. 그 스스로 인터뷰에서 밝히고 있듯이 극단 창단 후 약 10년 정도는 여성 멤버들을 중심으로 '앙그라(언더그라운드) 판타지' 같은 작품 위주로 공연을 올렸다. 언더그라운드 판타지를 표방했던 만큼 일반적인 판타지물과 달리 사회성이 짙은 내용을 담고 있

---

9 시모리 로바는 여성 극작가이지만, 이 글에서는 3인칭 대명사 '그'로 통일한다.

다는 점이 특징적이다. 가령 〈인어의 방주〉(1996)는 1986년에 일어난 체르노빌 원전사고의 충격으로 쓴 작품이다. 방사능으로 오염된 세계를 배경으로 펼쳐지는 판타지다. 1990년대 옴진리교 사건, 1997년 고베 아동연쇄살인사건,[10] 학창시절 경험했던 이지메(왕따)와 사회적 소수자에 대한 강한 공감, 이러한 문제들에 대한 질문들이 자신의 창작세계를 사회적 주제로 이끌게 되었다고 말한다.[11] 결정적인 계기가 된 것은 2001년 미국에서 일어난 9·11 테러사건이다. 이슬람 세계에 대한 왜곡들이 집약되어 실제로 일본에서도 "전쟁이 일어날지도 모르는 긴박한 시대에 판타지를 무대에 올리는 것이 무슨 의미가 있을까 하는 회의"와 "동시에 일본 문화예술의 공동화를 직시하게 되었는데, 카운터 컬처만 넘쳐날 뿐, 대항할 수 있는 메인 컬처가 부재한 현실이 매우 공허하게 느껴졌"으며, "적어도 제대로 된 내러티브와 중층적인 인간 묘사를 토대로 한 작품, 작가의 우월의식에서 오는 난해함을 버리고 관객들이 즐기면서 생각할 수 있는 작품을 쓰기로 마음먹었다[12]고 한다. 사할린 잔류 조선인을 소재로 쓴 작품 〈기억, 혹은 변방〉(2004) 이후 더 이상 판타지를 쓰지 않게 되었다고 밝힌다. 어려운 주제와 소재

---

10 학생이 초등학생 5명을 연달아 살해한 사건.

11 https://performingarts.jp/J/art_interview/1503_2/1.html (검색일 : 2021. 9. 14)

12 이시카와 쥬리, 「현대 일본 사회를 집어삼킨 금융의 작은 어둠」, 『현대일본희곡집8』, 연극과인간, 2017, 336쪽.

를 대중적인 극작술과 무대연출로 관객들이 쉽게 즐기고 공감할 수 있는 작품세계를 지향하게 된 직접적인 계기가 되었다고 볼 수 있다.

2018년부터는 배우 다지마 료와 함께 극단 이름을 'serial number'로 바꿔 공동으로 운영해오고 있다. 우리말로 '풍금공방'이라는 이름의 '후킨코보'는 "언어라는 아름다운 음악을 연주하는 장인이 되고 싶다는 의미"[13]를 담고 있다. 반면, 'serial number'는 대량으로 생산된 제품 등을 식별하기 위해 붙여진 번호인데, "핸드메이드가 아닌 시대에, 단 하나의 물건을 만든다"[14]라는 뜻을 담고 있다. 이처럼 후킨코보에서 'serial number'로의 전환은 시모리 로바 스스로 자신의 관심과 작품세계가 변했음을 선언적으로 보여주기 위한 것이라고 볼 수 있다. 극단 이름을 바꾸며 시모리 로바는 일종의 선언문처럼 자신의 생각을 극단 홈페이지에 다음과 같이 밝히고 있다.

> "2011년 잊을 수 없는 대지진이 있었고, 내 연극은 변했습니다. 많은 사람들이 다치고 상처 입는 가운데, 어떠한 소재라 하더라도 엔터테인먼트로서 수준이 높으면서 알기 쉬우며, 사람들의 마음에 가닿을 수 있길 바라게 되었습니다. 소재 또한 연극이 과거에 그린 적이 없는 것, 그 소재를 선택한다는 것만으로 연극에 대한 존경이 우러나올 만한 것들을 의식적으로 선택하게 되었습니다. 기반이 되는 세계관은 크게 변하지 않았습니다만, 표출하는 작품으로서의 연출도, 극

---

13 위의 글, 336쪽.

14 후킨코보 홈페이지. http://windyharp.org/reason.html (검색일 : 2021.10.10.)

작도, 이 나이에 이렇게 변해도 되는 것일까 싶을 만큼 변화했습니다. 그러한 가운데 20세기부터 계속 사용해왔던 후킨코보라는 이름이 조금씩 조금씩 거북하게 느껴졌습니다."¹⁵ [15]

그렇다면 시모리 로바는 언제, 어떤 계기로 경제연극, 금융연극에 관심을 갖게 되었을까? 'hedge 시리즈'를 준비하며 쓴 프로그램 글과 인터뷰 등에서 단서를 찾을 수 있을 것 같다. 프로그램에서 "경제를 토대로 연극을 만든 것이 8년 전. 거의 모든 연극인들에게 경제는 관심 밖의 일이었다. 하지만 그때, 세계는 경제를 중심으로 모든 상황이 결정되어 나가고 있다는 사실을 깨달았다. 그리고 코로나 상황 가운데에서 그것이 백일하에 드러나게 된 것이다. 중심이 아닌 것에 지배당하는 공포를 견디며, 우리와 경제가 손을 잡고 나아가는 미래는 없는 것일까 생각하면서 만든 작품이다." 라고 밝히고 있다. 시모리 로바가 말하는 8년 전은 〈hedge 1〉이 공연된 2013년이다. 미국에서 9·11 테러가 발생한 지 12년, 리먼 쇼크가 터진 지 5년, 후쿠시마 원전사고가 발생한 지 2년이 되는 해다. 시공간과 형태를 달리하는 대형 사건들, 거대모순들이 결국 경제 패권을 둘러싸고 벌어지는 석유와 무기매매, 거대자본의 보이지 않는 손에 의해 작동하고 있다는 인식에서 출발했다고 볼 수 있다. 좀 더 거슬러 올라가자면 일본의 거품경제도 간과할 수

15　후킨코보 홈페이지. http://windyharp.org/reason.html (검색일 : 2021.10.10.)

없을 것이다.[16] 세계를 움직이는 검은 손의 비밀에 한 걸음 다가가기 위한 전략으로 그가 선택한 것이 바로 '금융엔터테인먼트'였던 것이다.

4. 금융독해력을 위한 극작술, 군상극(群像劇)

누구보다도 경제와 금융에 어두웠다던 시모리 로바는 이러한 경위로 'hedge 시리즈'를 집필하게 된다. 세상을 움직이고 지배하는 새로운 권력기제로서 경제와 금융에 주목한다. 산업자본주의 시대 이윤 창출의 유일한 수단이 인간의 노동력이었다면, 후기자본주의 시대의 이윤은 금융이라는 자본재의 운동을 통해 형성된다. '자본 시장'의 발달과 함께, 기업의 자본 자체가 자본 시장에서 '매물'로 나오게 되는 상황'

---

16 일본의 거품경제는 1986년부터 1991년 상반기까지 약 51개월간 이어졌다. 거품이라고 부르는 이유는 지가와 주가의 급등을 특징으로 하기 때문이다. "거품경제기는 자산가격만 급등한 표층적 호황기였을 뿐 아니라, 고도성장기 이래 오랜만에 오는 설비투자 호황기이기도 했다. 매출증대에 대한 기대감이 회복되고 1차 석유위기 이후의 투자정체에 따른 반등적 수요도 작용하여, 거의 모든 업종에서 설비투자가 이루어졌다. 그러나 제조업의 다품종 소량생산화나 제품의 고부가가치화는 생산비용을 상승시키고, 경쟁심화로 말미암아 이윤을 포함시킨 가격설정이 불가능하여 손익분기점은 상승하고 영업이익률은 고도성장기 수준을 밑돌았다. 매출이 하락하면 적자상태에 빠지는 비용구조가 된 것이다."(하가 켄이찌, 「일본의 금융위기와 신자유주의」, 『창작과비평』37(1), 창비, 2009.3, 230~231쪽.)

이다. 새로운 자본재로서 기업의 자본 자체가 자본 시장의 매물로 나올 경우 자본화의 방식과 자본 축적의 방식도 달라질 수밖에 없다. 기업 경영의 목표가 성장과 고용에서 '주식 가치 올리기'로 바뀌[17]게 되는 것이다. 눈에 보이지 않는 자산의 운용 과정에서 새로운 권력의 형태가 만들어진다.

이렇게 금융과 지배 권력 사이에는 불가분의 관계가 만들어진다. 존 호프 브라이언트는 부에 관한 새로운 만국공통어로 금융독해력을 제안한다. 이제는 누구나 자국어와 더불어 이 언어를 배우고 이해할 수 있어야 한다고 주장한다. 그러나 부자들은 가난한 사람들에게 금융독해력을 보급하는 데 적극적이지 않으며, 현재 전 세계의 빈곤층 서민들 대부분은 성공한 사람들이 자주 사용하는 언어, 대화할 때 나누는 이야기들을 전혀 알아듣지 못한다[18]는 점을 강조한다. 다시 말해 금융독해력으로부터 소외된 계층과 계급은 부와 권력으로부터도 소외되는 구조가 재생산되는 체제의 시스템에 대한 지적이다. 금융자본주의 시대에 권력을 나눠 갖는 방식은 금융독해력 능력에 좌우된다고 해도 과언이 아닐 것이다. 시모리 로바가 '대중적' 스타일로 'hedge 시리즈'

---

17 소스타인 베블런, 『자본의 본성에 관하여 외』, 홍기빈 역, 책세상, 2009, 148쪽.

18 존 호프 브라이언트, 『가난한 사람들이 어떻게 자본주의를 구하는가』, 박종근 역, 중앙books, 2014, 105쪽.

를 구성한 것도 바로 이런 이유에서라고 볼 수 있다. 그렇다면 시모리로바는 독자와 관객들의 금융독해력을 높이기 위해 어떠한 드라마트루기 방법론을 구사하고 있을까?

먼저 주목되는 요소는 1편과 2편에서 눈에 띄는 등장인물의 구성과 역할 구분이다. 모든 등장인물들에게는 주어진 캐릭터로서의 역할뿐만 아니라 각각의 일련번호가 매겨져 있다.

도표로 정리하면 다음과 같다.

		1편 〈hedge 1〉		2편 〈Insider–Hedge 2〉
남1	모테기	매튜리티파트너스 대표	모테기	매튜리티파트너스 대표
남2	가지키	매튜리티파트너스 대표	가지키	매튜리티파트너스 대표
남3	이토다	매튜리티파트너스 대표	이토다	매튜리티파트너스 대표
남4	가타기리	매튜리티파트너스 사원	가타기리	매튜리티파트너스 사원
남5	고쿠분	매튜리티파트너스 사원	히가	매튜리티파트너스 사원
남6	가이토	㈜가이토 사장	다쓰미	증권거래등감시위원회
남7	모토미야	㈜가이토 영업부장	스케가와	증권거래등감시위원회
남8	노노무라	㈜가이토 제조부 사원	이누쿠라	증권거래등감시위원회
남9	시로가모	㈜가이토 경리부 사원	이즈미다	증권거래등감시위원회
남10	야마모토	㈜가이토 자동창고부 책임자		
남11	다니가와	매튜리티파트너스 인턴		

매튜리티를 주무대로 그려낸 작품으로, '당초 한 작품으로 쓰려던 것이 두 편이 되고 말았'기 때문인지 주요 인물들이 겹친다. '남자 1~11'은 마치 코러스처럼 자유로이 공연의 진행을 담당한다. 그리고 공연이 진행될수록, 시리즈가 거듭될수록 '남자' 역할이 축소되어 감을 알 수 있다. 심지어 3편에서는 아예 '남자'가 등장하지 않는다. 배우들은 프롤로그에 '남자'로 등장하여 '메타연극적' 태도로 관객들과 만난다. 공연 시작 전 자막으로 제시되는 수수께끼 같은 숫자나 단어가 매개가 된다. 가령, 1편에서는 '2118년'이, 2편에서는 'Insider'가, 3편에서는 '2000000000'이 자막에 투사된다. 자막의 비밀에 대해 질문을 던지고 스스로 정답을 찾아 나가면서 관객들의 흥미를 유발하며 자연스럽게 공연을 시작한다. 그리고 프롤로그가 끝날 무렵 수수께끼의 비밀은 풀린다. '2118년'은 1편이 공연되던 2013년 일본의 금리를 기준으로 예금의 원금이 두 배가 되기까지 걸리는 햇수다. 'Insider'는 "우리말로는 내부자. 경제를 다루는 이 연극에서 '인사이더'라고 하면 즉 '인사이더 거래', 쉽게 말하면 내부 관계자만이 알 수 있는 정보를 이용해서 주식을 매매하고 이익을 챙기는 부당행위를 말한다." 뒤이어 1편을 보지 못한 관객들을 위해 전편에 출연했던 배우들이 경험담처럼 공연을 소개하기도 한다. 마지막으로 '2000000000'은 커피의 하루 판매량을 나타내는 숫자다. 3편에서 다루는 커피 회사 창업과 관련한 숫자이다. 커피 이야기를 매개로 1편과 2편에 대한 소개, 그리고 자연스럽게 프롤로그를 마치며 3편의 이야기로 옮아가는 구조를 취한다. 자막의 문구는 일종의 경제상식으로, 익숙한 듯하면서도 낯선 문구와 숫자들이 우리 일상의 대부분을 차지하고 있는 경제활동과 관련 깊은 개념이라는 사실 정보를 제공해준다.

'남자'의 역할은 여기서 그치지 않는다. 공연이 진행되면서 낯선 경제용어가 등장할 때마다 캐릭터에서 빠져나와 설명을 요구하거나 관객들의 이해를 도와준다. 예를 들어 보자. 1편의 1장에서 가지키는 모테기를 찾아가 다음과 같이 질문한다.

> **가지키** 헤지펀드라도 운용할 생각인가요? 아니면 …(중략)… 바이아웃?
>
> **모테기** 가지키. 여긴 왜 찾아온 건가?
>
> **가지키** 모테기 씨를 헤지펀드하러 왔습니다.
>
> (두 사람 동작을 멈춘다. 바닥의 해치가 열리며 남자4, 남자8, 남자10이 불쑥 얼굴을 내민다)
>
> **남자8** 아아, 큰일이다. 뭔 말인지 하나도 모르겠어.
>
> **남자9** 저두요. 외국어가 너무 많아요.[19]

이어지는 장면에서 남자들은 각기 역할놀이 형식으로 헤지펀드와 바이아웃에 대한 설명을 이어나간다. 가타기리 역할을 맡은 '남자4'가

---

19 이성곤 역, 〈hedge 1〉 공연대본.

주로 다른 출연자들과 관객들에게 설명하는 형식을 취한다. 1편에서
는 14개의 장면 가운데 초반 5개 장면까지 '남자1~11'이 코러스처럼
등장하여 용어해설을 이어간다. 경제지식이 부족한 관객이나 독자들
에게 '남자'의 입장에서 극의 진행에 동참할 수 있도록 유도하는 효과
를 노릴 수도 있다. 2편에서는 그 역할이 대폭 축소되어 프롤로그에서
인물과 금융용어, 그리고 1편과의 연속성을 소개하는 정도에 머문다.
암전이나 무대 변화 없이 배우들의 연기만으로 속도감 있게 진행되어
오히려 극에 대한 몰입도를 끌어올린다. 출연자들뿐만 아니라 장면을
이완시킴으로써 역설적으로 극에 대한 집중력을 높인다는 전략이다.
일부 비평가는 시모리 로바 작품의 이러한 특징을 가리켜 '군상극(群像
劇)'[20]이라는 표현을 쓰기도 한다.

5. 선인도, 악인도, 갈등도 없는 '평행서사'

'hedge 시리즈'는 매튜리티의 금융맨들을 중심으로 극의 전개가 이
루어진다. 바이아웃 회사의 설립과 내부자거래로 인한 위기, 그리고
신뢰 회복의 과정이 시리즈의 중심 서사다. 동시에 인수 대상으로 삼

---

20 "금융의 세계를 무대로 일본을 축약하는 11명의 군상드라마"(〈hedge 1〉 5장).
　　 공연대본.

는 기업들에 관한 이야기들도 병렬적으로 진행된다. 인수합병의 주체와 대상자의 관점과 생각을 병렬 배치함으로써 극적 상황과의 적절한 거리를 유지하며 입체적으로 조명할 수 있도록 이끌어준다. 1편에서는 매튜리티 설립 과정과 함께 크레인 회사 ㈜가이토의 이야기가, 2편에서는 증권거래감시위원회 조사 과정과 '스시대통령'이라는 회사의 인수합병, 그리고 과거 회상 장면이 자연스럽게 들어온다. 3편에서는 커피 회사 창업과 통신회사 경영에 관한 이야기가 병행하여 진행한다.

1편의 경우, '남자1~11' 등장하는 장면1 이후 바로 ㈜가이토 회의실로 무대가 이동한다. 크레인에서 자동창고 부문으로 사업을 확장하면서 발생한 경영 압박과 아마존과 같은 거대공룡 물류유통회사의 등장으로 인한 경쟁력 약화, 이로 인해 바이아웃펀드사에 회사경영을 맡길 수밖에 없는 상황들이 차례로 제시된다. 매튜리티의 설립 과정은 장면 3~4에서 과거 회상을 통해서도 이루어지며, 동시에 멤버들이 ㈜가이토의 경영에 참가하는 현재 시점에서 진행형으로도 이루어진다. 14개의 장면 중 8개 장면이 ㈜가이토를 배경으로 하고 있다는 점에서 매튜리티 설립 과정에 대한 비중만큼이나 경영혁신과 바이아웃을 둘러싸고 벌어지는 인물들의 고군분투에도 초점을 맞추고 있다.

매튜리티 내부 사정은 1편보다는 2편의 회상 장면을 통해 더욱 생생하게 그려진다. 과거 회상은 입회 조사일인 "2004년 12월 10일" 현재 시점에서 이루어진다. 1편에서 직접 가져온 회상 장면만 5회에 걸쳐 삽입되어 있으며, 여기에 입회 조사 "90일 전", "70일 전", "1시간

전"까지 포함한다면 대략 15장면 가운데 8장면이 여기에 속한다.[21] 수사극의 형식을 일부 도입하고 있어 '현장검증'의 성격을 띤 과거 회상이 불가피한 까닭으로 보인다. 그보다 더 중요한 이유는 범인에 대한 궁금함보다는 인물들의 행동과 선택, 그리고 '금융의 어둠'에 발을 들여놓게 되는 동기와 과정에 대한 관찰을 유도하기 위한 목적에 있다고 볼 수 있다.

3편의 경우는 앞서 말했던 것처럼 나리미야를 중심으로 진행되는 커피 회사 창업 스토리와 '나이스 콜'이라는 통신회사 재생 스토리가 병행한다. 나이스콜이라는 통신회사 사무실과 커피 창업을 준비 중인 나리미야의 아파트라는 두 개의 공간을 교차로 오가며 서로 다른 이야기가 병렬적으로 전개된다. 특히 3편의 경우 1~2편과 달리 4명의 여성인물들이 등장하는데, 나리미야의 아파트가 이 인물들의 거점이 된다. "사건의 여러 부분은 그중 한 부분을 다른 데로 옮겨놓거나 빼버리게 되면 전체가 뒤죽박죽이 되게끔 구성되어야 한다."[22]는 고전적 잣대를 들이댄다면 형편없는 작품으로 보일는지도 모르겠다. 1~2편과 달리 '엔터테인먼트적' 요소(가령, 용어 해설 같은 메타연극적 장치 등)는 사라

---

21 프롤로그→2004.12.10.→회상→2004.12.10.→90일전→2004.12.10.→회상→70일전→2004.12.10.→회상→2004.12.10→회상→입회조사1시간전→2004.12.10→회상→2004.12.10→2004.12.11

22 아리스토텔레스, 『시학』, 천병희 역, 문예출판사, 1999, 59쪽.

지고 대화 중심으로만 장면이 전개된다. 자료와 데이터, 논쟁과 담론 중심의 대화가 반복되면서 구성적 단조로움을 극복하지 못했다는 지적을 받기도 했는데, 이는 시모리 로바가 앞으로 풀어야 할 과제라고 할 수 있다.

1편에서 3편에 이르는 과정은 마치 어린아이가 학습을 통해 언어를 습득한 후 소꿉놀이까지 즐기게 되는 상황에 비유할 수도 있을 것이다. 금융언어에 문맹이었던 인물들이 극이 진행되고 그 언어를 점차 습득해가면서 조금씩 용어 설명을 줄이고 자기언어화하여 캐릭터로 몰입해 들어간다. 낯선 금융언어 앞에서 배우들뿐만 아니라 관객들또한 적잖이 당혹스러움을 느낄 수밖에 없을 터. 배우들이 캐릭터를 받아들이는 과정과 관객들이 금융을 '엔터테인'하는 과정이 정서적으로 순항할 수 있도록 극적 구성과 장치를 마련했다.

'평행서사'가 가능한 것은 절대적 선인도 악인도 등장하지 않는 드라마의 특성 때문으로 보인다. "자본주의 사회에서 회사를 지킨다는 것은 생명을 지키는 일이야. 우리 같은 존재가 사회 전체의 헤지가 되는 거지."[23]라는 가지키의 말처럼 금융자본주의 시대에 인간을 선과 악으로 나누는 도덕적·계급적 기준은 모호함을 넘어 무의미할 정도다. 마르크스의 주장처럼 노동과 숙련도, 시간의 관계로 가치를 결정할 수 없으며, 생산수단을 둘러싼 계급 간의 갈등과 투쟁이 더 이상 사회변

---

23 이성곤 역, 〈hedge 1〉 공연대본, 32쪽.

화의 동력으로 작용하지 않는 시대에, 인간과 노동의 가치를 결정하는 요인은 무엇일까? 'hedge 시리즈'에 등장하는 인물들은 "금융 말고는 살아갈 장소를 찾지 못한"[24] 새로운 형태의 '금융노마드'인 셈이다. 절대적 선인도 악인도 등장하지 않는 드라마. 따라서 절대적 승자도 패자도 존재하지 않는 드라마가 시모리 로바의 'hedge 시리즈'다. 갈등에의 몰입보다는 '놀이를 통한 학습과 응용의 방식'을 통해 관객들과 금융언어로 소통하는 방법을 고민하고 있는 것이다.

시모리 로바는 'hedge 시리즈'가 금융 기반이긴 하지만 금융 업계를 그렸다기보다는 그 세계를 살아가는 사람들의 삶을 그린 작품이라고 말한다. 금융의 빛(1편)과 어둠(2편)을 거쳐 결국 신뢰(3편)에 도달하는 인물들의 삶을 보여주고 싶었던 것일 터이다. 3편의 마지막 장면에서는 죽은 가지키의 환영이 나타나 이렇게 말한다. "금융은 본래의 사명을 잃어버리고 타락했다. 자신들의 이익만을 좇으려고 할 뿐 리스크를 떠안으려 하지 않아. …자본주의 사회에서 회사를 지킨다는 건 생명을 지키는 일이야. 우리 같은 존재가 사회 전체의 헤지가 되는 거지." 매튜리티 창립자들이 추구했던 것처럼 바이아웃펀드를 통해 기업과 투자자, 펀드사 모두가 이익을 창출할 수 있는 건강한 투자모델을 일본 사회에 뿌리내리는 것이 가능할까? 지젝은 자본주의의 원동력 자체가

---

24 모테기의 대사 중, 위의 글, 53쪽.

'합법적' 투자와 '무모한' 투기 사이의 경계를 흐리고 있다고 말한 적이 있다. "자본주의적 투자란 그 핵심에 있어 어떤 계략이 돈벌이가 될 것이라는, 실패의 위험을 무릅쓰는 내기이며 미래로부터의 차용 행위이기 때문이다."[25] 빚을 좇아 금융의 세계에 뛰어든 인물들의 고군분투가 그들의 꿈처럼 모든 이들의 성공으로 이어질 수 없다는 사실을, 과연 'hedge 시리즈'의 금융맨들만 모르고 있는 것일까?

---

25 슬라보예 지젝, 『처음에는 비극으로 다음에는 희극으로』, 김성호 역, 창작과비평, 2010, 76~77쪽.

참고문헌

소스타인 베블런, 『자본의 본성에 관하여 외』, 홍기빈 역, 책세상, 2009.

슬라보예 지젝, 『처음에는 비극으로 다음에는 희극으로』, 김성호 역, 창작과비
　　평, 2010.

아리스토텔레스, 『시학』, 천병희 역, 문예출판사, 1999.

알랭 바디우, 『우리의 병은 오래 전에 시작되었다』, 이승재 역, 자음과모음,
　　2016.

프랑코 '비포' 베라르디, 『죽음의 스펙터클』, 송섬별 역, 반비, 2016.

이시카와 쥬리, 「현대 일본 사회를 집어삼킨 금융의 작은 어둠」, 『현대일본희
　　곡집8』, 연극과인간, 2017.

존 호프 브라이언트, 『가난한 사람들이 어떻게 자본주의를 구하는가』, 박종근
　　역, 중앙books, 2014.

〈hedge 1-2-3〉 공연대본.

https://www.khan.co.kr/opinion/column/article/202110090300005 (검색일:
　　2021.10.10.)

https://performingarts.jp/J/art_interview/1503_2/1.html (검색일: 2021. 9. 14.)

후킨코보 홈페이지. http://windyharp.org/reason.html (검색일: 2021.10.10.)

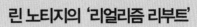

린 노티지의 '리얼리즘 리부트'

최성희

Lynn Nottage

린 노티지의 '리얼리즘 리부트'[1]

1. 들어가며

시대마다 현실에 대한 이해와 모사에 대한 개념이 다르고 이를 표현하는 연극적 양식도 달라진다. 연극의 스타일은 외부 환경에 대한 일종의 대응 양식으로 인간의 주체적 삶의 표현일 뿐만 아니라 인간과 비인간, 사회와 자연의 상호작용과 공동작업의 결과물이다. 페터 스촌디는 현대 드라마의 형성 과정을 역사적 경험과 미학적 형식 간의 상호 작용으로 파악하고, 레이먼드 윌리엄스 역시 드라마의 형식을 이미 공동체 속에 존재하거나 새롭게 형성되기 시작한 '감정의 구조'에 대한 표현이자 반응으로 설명한다. 그러므로 특정 극작술은 작가 개인의

---

[1] 이 글은 졸고 「린 노티지, 사실주의의 재발견」(『연극평론』 102호, 2021, 153~162쪽)을 확장 수정한 것이다.

성취라기보다 동시대를 구성하는 다양한 인간과 비인간의 합작품이라고 봐야 할 것이다.

드라마는 짧은 시간에 삶에 대한 의식의 넓이와 깊이가 압축되어 있는 예술 형식이다. 리얼리티의 다양한 층위가 '한순간'에 담겨 있는 것이다. 장편 서사시인 에픽의 광대한 시간적 공간적 스케일을 하나의 행위, 장소, 시간 안에 압축했던 고전 드라마의 3일치가 넓은 의미에서 오늘날에도 여전히 작동하고 있는 것이다. 개체의 심화, 현재의 심화가 전체의 심화로 연결되는 드라마의 미학은 입센과 체호프의 리얼리즘 드라마에 와서 더욱 강화된다. 그런 점에서 에픽적 스케일의 상실로 세부적 디테일과 복합성을 성취하는 모더니즘 소설의 전략 역시 이런 드라마의 미학과 연결되어 있다. 그렇다면 현대문학의 역사를 드라마에 대한 소설의 승리로 보는 일반적인 관점은 수정되어야 한다.

자연의 진화와 마찬가지로 드라마의 진화 역시 자신의 DNA를 지키기 위한 적응 또는 대응이며, 무수한 반사실주의의 공격에도 여전히 사실주의가 굳건히 생존하고 있는 이유는 그 안에 드라마의 DNA가 살아 있기 때문일 것이다. 그러나 이것은 진화론에 대한 초보적 이해인 '적자생존'의 사례가 아니라 그레고리 베이슨이 진화의 진정한 목적이라고 말한 "유기체+환경"의 생존 형태라는 것이 나의 생각이다. 모든 진화가 그러하듯 사실주의 연극 역시 계속적인 변화와 도태의 가능성에 늘 열려 있고 어쩌면 현재의 생존은 반사실주의적 비판과 공격이 있었기에 가능한 것이었을 수도 있다. 드라마라는 유기체가 환경과 만나 '압축'을 통해 삶을 '심화'하는 것이 연극이라면 사실주의가 보여주는 보통 사람들의 일상성이 과연 충분히 심화된 것인지, 무대 위에 압축된 삶이 인류적 보편성과 맞닿아 있는지에 대한 감시와 비판이 필요하다.

사실주의가 연극, 영화, TV 등 '드라마' 총량의 지배적 양식인 것은 맞지만 동시대 연극에서 마치 구시대의 유물처럼 취급되는 것도 사실이다. 심화된 일상성의 풍요로움과 깊이를 보여주는 입센과 체호프의 모더니즘은 종말을 고한 것일까? 동시대 사실주의 극이 보여주는 일상성의 뿌리는 허다한 차이를 넘어서는 보편적 가치/이상과 연결되어 있는가? 과학적 실증주의를 해체하고 그 자리를 차지한 포스트모더니즘은 보편적 가치와 이성적 기획을 부인한다. 이러한 이론적 흐름에 편승하여 대중문화와 소비문화가 모든 이들의 삶을 잠식하면서 사람들은 순간의 일상성이 역설적으로 지니는 깊이와 풍요로움에 관심을 가지기 보다는 그 자체로 소비하거나 이데올로기적으로 규정한다. 포스트모던 시대의 평준화된 일상성은 삶의 구체적인 진실에 대한 이해를 확장하는 심화된 일상성이 아니며, 그 언어는 현실의 깊이를 열어주기보다는 현실의 표피층에서 끊임없이 유희하고 순환하면서 일체의 가치와 믿음을 해체한다. 이러한 경향은 전통적 사고방식과 가치체계에 대한 전면적 재고라는 성과와는 별개로 자본만이 유일한 힘으로 남아 모든 것을 조종하는 신자유주의라는 괴물을 낳았다.

21세기에 들어 포스트모더니즘에 대한 비판적 점검과 함께 리얼리즘을 새롭게 전유하는 움직임이 다양하게 전개되고 있다. 이 글은 이러한 흐름을 '리얼리즘 리부트'[2]로 총칭하고 그중 미국의 흑인 여성 극작가인 린 노티지(Lynn Nottage)의 극작술의 특징을 '코스모폴리탄 리얼리즘'과 '실제의 드라마터지'라는 두 개의 개념을 중심으로 살펴보면서 그의 드라마가 21세기라는 새로운 환경과 만나 '압축'을 통해 '심화'하는 보통 사람들의 일상성이 인류가 당면한 보편적 문제와 어떻게 맞닿아 있는지 살펴보고자 한다.

2. 린 노티지와 미국의 소수민 연극

다양한 배경과 입장을 가진 사람들을 같은 시간, 한 장소에 불러 모으고, 배우의 몸이 전경화되는 연극은 다문화주의의 복합적 양상을 관찰할 수 있는 최고의 '실험실'이다. 대표적인 다인종 국가인 미국의 소수민 연극은 다문화주의라는 미국의 오랜 '가설'이 가장 첨예하기 제기되고, 반박되고, 수정되는 문화의 장이다. 다문화주의는 현대사회

---

2 손희정이 기존 페미니즘 운동과의 분명한 단절을 보이는 새로운 페미니즘을 통칭하기 위해 고안한 '페미니즘 리부트'라는 용어에서 차용하였다. '리부트 (reboot)'란 원래 영화계 용어로 "기존 시리즈의 연속성을 버리고 몇몇 기본적인 설정들을 유지하면서 작품 세계를 완전히 새롭게 구성하는 것"을 의미한다. 손희정, 『페미니즘 리부트 – 혐오의 시대를 뚫고 나온 목소리들』, 나무연필, 2017, 47쪽.

가 다양한 집단들로 구성되어 있다는 인식에서 출발하여 '차이'를 인정하고 존중하는 열린 태도를 함양하는 동시에 차이로 인한 '차별'을 방지하기 위한 일련의 노력과 실질적 조치를 포함하는 개념이다. 1970년대 이후 미국의 다문화주의에 대한 담론이 활발해진 이유는 다문화가 하나의 사회적 사실을 넘어 반드시 존재해야 한다는 '당위'와 강력한 의지를 동반한 윤리적 원리로 제시되고 있기 때문이다.

그런데 다문화주의는 보수와 진보로부터 이중의 공격을 받고 있다. 우파는 다문화주의가 미국의 국가적 정체성을 분열시켜 위기와 혼란을 조장한다고 주장하고, 좌파는 다문화주의가 소수민의 저항을 '상징적'으로 흡수함으로써 체제에 대한 근본적이고 실질적인 도전을 미리 차단하는 지배 세력의 헤게모니 전략이라고 비판한다. 실제로 1960년대 소수민 연극은 문화적 민족주의를 선택함으로써 백인 주류문화와 분명하게 구분되는 '정체성 정치학'의 전략을 취한다. '차이'를 강조하면서 흑인의 독자적이고 자주적인 정체성을 주장한 흑인 연극의 문화적 민족주의는 흩어진 흑인 공동체를 결집시켜 정치적 주체성과 문화적 소속감을 고취하는 성과를 만들어냈다. 그러나 흑인 민족주의는 공동체 내부의 '차이'와 '다양성'을 억압하는 통제적 기제로 작동할 위험을 안고 있다. 젠더, 계급, 섹슈얼리티 등 인종 이외의 차이들을 희석시키고 하나의 흑인 정체성 아래 통합시키려는 시도는 인종 외부에 존재하는 사회 내 다른 약자와의 연대의 걸림돌로 작용하기도 한다.

결과적으로 1980년대 이후 흑인 민족주의에 내재하는 이분법적 본질주의의 한계를 지적하는 목소리가 높아진다. 이들의 문화적 민족주의는 큰 틀에서 민족주의 일반의 특성과 한계를 공유한다. 제국/가해자와 식민/희생자라는 민족주의의 이분법적 세계관은 삶의 다양한 문제를 민족 문제로 환원시키고 계급과 성을 비롯한 여타의 정체성을 민족이라는 '절대' 개념에 종속시키기 때문이다. 여성에 대한 가부장적 억압이 민족의 이름으로 은폐되고, 민족주의 엘리트의 헤게모니가 민족의 이름으로 정당화된다.

1990년대부터 극작을 시작한 흑인 여성 극작가 린 노티지는 흑인 민족주의의 맹목적인 동질감/반감을 경계하고, 흑인 공동체 내부의 차이와 다양성뿐 아니라 국가적, 인종적 경계를 넘어서는 전지구적 연대에 관심을 가진다. '하나의 흑인'이라는 개념은 지배세력에게는 관리와 통제의 일원화/효율화를 가능하게 하고, 흑인 사회에서는 내부적 모순을 은폐하는 이념으로 악용될 수 있다. 그러나 노티지는 포스트모더니즘적 해체의 길로 가지 않는다. 절대적 기준을 거부하면서도 가치의 상대주의와 허무주의를 경계한다. 각 문화가 자신만의 윤리적, 미학적 기준을 갖고 있다면 그래서 타자의 가치와 예술을 이해할 수도 없고 판단해서도 안 된다면 모든 지식적 추구와 미학적 노력은 무의미해진다. 충돌하는 입장들을 중재할 제3의 기준도, 함께 추구할 공동의 목표도 없다면 문화들 사이의 진정한 대결이나 상호작용은 불가능하다. 노티지는 위로부터 주어지는 보편성이 아니라 아래로부터 형성되는 다수의 공감을 이끌어내는 연극을 지향한다. 획일적 보편주의

(universalism)는 경계하되 보편성(universality)에 대한 열망은 포기하지 않는다.

3. 코스모폴리탄 리얼리즘

이와 같은 노티지의 탈민족주의적 경향은 민족주의의 폐쇄성과 배타성에서 벗어나는 동시에 신자유주의가 주도하는 현재의 세계화의 방향을 틀 수 있는 '세계시민의식' 즉 코스모폴리타니즘의 틀로 분석할 수 있다. 노티지의 무대는 압축된 로컬의 일상성이 복잡하게 연결되어 있는 전지구적 네트워크와 교차되는 구체적인 장소이다. 더 나아가 남성 중심, 경제 중심으로 전개되는 현재의 세계화를 여성주의적으로 전유하는 코스모페미니즘의 전망을 보여준다.

노티지의 연극과 코스모폴리타니즘의 상관성은 그녀의 독특한 이력과 관련이 있다. 뉴욕 브루클린의 이민자 인구가 집중되어 있는 거리에서 자란 노티지는 아직도 자기가 태어난 그 거리에서 살고 있다. 브라운대학에서 저널리즘을 전공하면서 랭스턴 휴즈의 비서였던 조지 바스가 교수로 있는 아프리칸아메리칸학과의 연극동아리 '제의와 이성(Rites and Reason)'에 참여했고 4학년 때 브라운대 극작과 교수로 부임한 폴라 보걸의 수업을 통해 극작에 입문한다. '제의와 이성'은 일반적인 연극 동아리가 아니었다. 연극을 위한 리서치가 아닌 '리서치를 위한 연극'을 표방한 이 그룹은 인간의 세계 인식 형성에 있어 흑인의 역사와 경험이 기여한 부분이 무엇인지, 그들이 극도의 불의와 고통 속에서도 어떻게 끝내 인간의 얼굴을 지켜냈는지를 연구하는 것을 목표로 하는 연극 동아리였다. 노티지에게 연극은 처음부터 순수한 미학적 대상이 아니라 자아 인식과 세계 이해, 공동체의 기억과 상상적 표현을 위한 매개체였던 것이다.

폴라 보걸의 수업을 통해 극작에 매력을 느낀 노티지는 예일대학교 드라마스쿨 극작전공으로 대학원에 진학한다. 그러나 유럽 연극의 계보 속에서 아방가르드 실험극을 집중적으로 탐구하던 당시 풍토 속에서 (예일대 극작과 사상 두 번째 흑인 학생이었던) 노티지는 건널 수 없는 간극과 회의를 느낀다. 결국 졸업 후 연극계 대신 국제앰네스티의 연구원이자 홍보담당으로 취직한다. 국제앰네스티에서 일한 4~5년은 브라운과 예일에서의 학업보다 현재의 극작가 린 노티지를 형성하는 데 있어서 가장 결정적인 자양분을 제공한다. 그가 담당한 국제 정치범의 사면업무는 ① 불의한 억압과 고통을 받는 사람들에 대한 광범위한 리서치와 ② 이들의 석방을 설득하는 기사를 작성하거나 프리젠테이션을 수행하는 일이었다. 이러한 업무가 이후 노티지의 극작 스타일에 큰 영향을 미치게 되는데 절박한 상황에 처한 이들을 도우려면 객관적 정보를 전달함과 동시에 공감과 설득을 이끌어낼 수 있는 가장 효과적인 방법을 찾아내야 하기 때문이다. 또한 앰네스티에서의 경험은 자신의 인종적 정체성을 미국이라는 좁은 범주에 가두지 않고 '세계시민'

이라는 보편성 속에서 이해하는 계기가 되었다.

그러는 와중에 연극에 대한 그녀의 생각이 점차 바뀐다. 1990년대에 들어 탈냉전이 기정사실화되자 앰네스티의 정체성과 방향성도 모호해진다. 더욱이 국제앰네스티는 여성의 문제에 있어서는 원래부터 소극적이었다. 당시 가정과 국가 폭력의 희생자인 여성 문제에 가장 큰 관심을 가지고 있었던 노티지는 여성이 늘 주변적인 것으로 밀려나는 앰네스티에서 활동에 제약을 느끼기 시작한다. 아직 앰네스티에서 근무하던 1993년에 쓴 〈휙!(Poof!)〉은 가정폭력의 문제를 다룬 단막극으로 희곡 공모전에 당선되어 상금과 함께 루이빌 액터스 시어터에서 공연되는데 노티지는 이 일을 계기로 관객과 직접 소통할 수 있는 연극의 직접성과 친밀성의 힘을 새롭게 깨닫게 된다.

1996년에 발표한 〈진흙, 강, 돌(Mud, River, Stone)〉 역시 앰네스티에서의 경험을 바탕으로 한다. 아프리카 모잠비크 작은 시골 호텔에서 벌어지는 이 극에서 다양한 인종과 계층의 투숙객들이 폭우로 고립되자 각자 쓰고 있던 사회적 가면이 벗겨지고 맨얼굴과 밑바닥이 드러난다. 그 과정에서 (미국인이 되기에는 너무 검고, 아프리카인이 되기에는 충분히 검지 않은) 아프리카계 미국인인 주인공의 자기기만과 인종적 딜레마가 부각된다. 노티지가 자신을 모델로 썼다고 고백한 주인공 부부는 인종적 정체성을 찾기 위해 감행한 아프리카 여행에서 스스로가 얼마나 속물적인 미국인인지를 깨닫게 된다.

2002년도 작품 〈시녀들(Las Meninas)〉의 제목은 벨라스케스의 그림

〈시녀들〉에서 따온 것이다. 그의 궁정화에 등장하는 스페인 왕녀와 난쟁이들에서 영감을 받은 이 극은 후에 프랑스 루이 14세 부인이 된 펠리페 4세의 딸 마리-테레사와 그녀의 흑인 난쟁이 시종과의 관계를 다룬 팩션이다. 노티지는 "펜슬을 발명한 백인이 지우개도 발명했다"는 요르바의 격언을 작품의 발문으로 뽑아 역사 속에서 지워진 존재들(여기서도 여성과 흑인)이 그녀의 주된 관심사임을 분명히 한다. 작가 노티지가 세계 역사 속에서 지워진 이들의 이야기를 복원하는 일, 즉 미학보다 역사에 관심이 있다고 해석할 수 있는 부분이다. 그러나 효과적인 복원과 소통을 위해서는 미학적 형식에 대한 고민이 필수적이라는 점에서 노티지에게 역사와 미학은 별개의 것이 아니다. 루이의 아내가 된 마리-테레사는 비만으로(그리고 그녀의 국적 때문에) 프랑스 궁정에서 조롱의 대상이 되고 남편인 루이의 여성 편력은 끊이지 않는다. 그들의 두 아이는 어려서 죽고, 왕은 더 이상 왕비에게 성적 관심이 없다. 이때 스페인으로부터 도착한 박스 안에서 나온 것은 다름 아닌 흑인 난쟁이 광대. 그에게 불행한 왕비에게 웃음을 되찾아주는 임무 외에 또 다른 임무가 주어진다. 왕비는 임신에 성공하지만 태어난 공주의 피부색이 검다. 결국 아기는 수녀원으로, 광대는 사형대로 보내진다. 이야기의 화자는 수녀원에서 성장한 딸이다. 막장 멜로드라마와 풍자극이 혼합된 듯한 줄거리지만 벨라스케스의 그림이 그렇듯 다른 작품에 비해 극의 형식이 매우 실험적이다.

2003년도에 발표한 〈속옷(Intimate Apparel)〉의 부제는 "침묵으로부터 구조된 삶들(Lives Rescued from Silence)"로 이 역시 지워진 역사의 복원이 중심에 있다. 특별히 이번에는 노티지의 증조할머니 이야기이다. 〈속옷〉은 노티지가 창고 정리를 하다가 우연히 발견한 증조할머니의 흔적에서 출발한다. 그 파편 하나에서 시작된 리서치의 결과로 1905년 뉴욕 맨해튼을 배경으로 침대와 재봉틀만 겨우 들어가는 쪽방에서 평생 바느질만 하다 잠시 결혼이라는 꿈을 꾸었으나 더욱 참담한 절망을 경험하게 되는 에스더의 이야기를 완성한다. 내밀한 옷, 즉 속옷을 제목으로 하는 이 작품의 핵심은 속살의 친밀감, 감추어진 섹슈얼리티라고 할 수 있다. 치수 재기, 가봉하기 등 거의 모든 장면이 침실에서 벌어진다. 당시 맞춤 속옷이 필요한, 혹은 가용한 계층은 매춘부와 상류층 여성뿐이었다. 그녀가 만드는 옷이 로맨스와 거리가 먼 가난한 흑인 노처녀는 절대 입을 일이 없는 종류의 옷이라는 점이 아이러니하다. 아홉 살부터 시작해서 18년간 쪽방에서 재봉틀만 돌리며 살아온 에스더의 삶은 그녀의 고객들의 삶과 대조를 이룬다. 에스더의 고객 중 한 명인 밴 뷰런 부인은 여성 편력이 심한 남편의 마음을 붙잡기 위해 속옷을 맞춘다. 부인은 에스더와의 친밀한 접촉과 솔직한 대화를 통해 이례적인 친구 관계가 되고 그녀에게 성적 욕망을 느끼지만 말로 표현하지 못한다.

에스더의 좁디좁은 쪽방이 코스모폴리탄 네트워크와 연결되는 지점은 그녀의 결혼이다. 에스더는 펜팔을 하던 (문맹인 그녀의 편지는 밴 뷰런 부인이 대신 써준다) 바베이도스 남성 조지가 편지로 청혼하자 고립과

외로움에서 탈출하기 위해 (주변 사람들의 경고와 만류에도 불구하고) 용기를 내어 승낙한다. 그러나 결혼을 위해 미국으로 건너온 남편은 그녀가 언젠가 자신의 미용실을 열기 위해 퀼트 속에 감추어둔 평생 모은 돈을 도박과 섹스로 탕진하고 돈이 떨어지자 그녀를 떠난다. 결국 에스더는 처음 시작한 그 쪽방으로 다시 돌아온다. 그녀가 새로운 퀼트를 만들기 시작하면서 조명은 오래된 흑백 사진으로 바뀌고 프로젝션에 "신원 미상의 재봉사, 1905"라는 타이틀이 뜨면서 막이 내린다. 처음 시작한 자리로 되돌아왔지만 그녀의 고된 여정이 의미가 없는 것은 아니다. 그 여정을 따라 에스더는 증손녀 노티지에게, 그리고 관객에게 빛바랜 흑백 사진의 상태로마나 '복원'되었기 때문이다.

2008년도 작품 〈폐허(Ruined)〉는 노티지에게 첫 퓰리처상을 안겨준 작품이다. 노티지는 콩고 내전의 참혹한 실상을 고발하는 신문기사를 접한 후 전쟁으로 초토화된 콩고를 배경으로 한 현대판 〈억척어멈과 그의 자식들〉을 구상한다. 2004년과 2005년 두 차례 연출가 케이트 워리스키(Kate Whoriskey)와 아프리카로 가서 콩고와 수단, 소말리아에서 성적으로 착취당하고 폭행당한 난민 여성들과의 인터뷰를 진행한다. 두 차례의 아프리카 방문과 다수의 인터뷰를 통해 노티지는 애초의 '억척어멈' 구상을 포기하고 좀 더 직접적인 임팩트를 줄 수 있는 작품을 원하게 된다. 전쟁의 고통 속에서 살아남기 위해 매일 매순간 자기 안의 절망과 싸워야 하는 이들의 영웅적 노력과 용기를 접하면서 다분히 이념적이었던 억척어멈 컨셉트를 수정한다. 결국 사실주의로

선회한 노티지는 정치극이 아닌 그들에게서 발견한 강인함과 아름다움에 방점이 찍힌 인류학적 보고서에 가까운 작품을 완성한다.

〈폐허〉, 2009(출처 : 위키피디아)

〈폐허〉는 내용과 주제에 있어서 아프리카계 미국인이라는 국가적 정체성을 뛰어넘는 작가의 코스모폴리타니즘이 잘 드러나는 작품으로 이 역시 국제앰네스티의 언론담당관으로 일한 경험의 영향력이 느껴지는 연극이다. 노티지는 책상에 머물지 않고 현장을 방문하여 피난민 수용소에 기거하는 수많은 전쟁 피해 여성들을 직접 만났다. 그들은 민족/종족의 이름으로 지속되고 있는 전쟁 속에서 상대편 종족을 파괴하기 위한 수단으로 자행된 성폭력을 통해 철저하게 '망가진(ruined)' 여성들이다. 이 작품은 여성에게 가해진 상상을 초월하는 비인간적 폭력을 고발하고 있을 뿐 아니라 1960년 벨기에로부터 독립한 이후 끊이지 않고 이어지는 내전의 근본적인 이유가 콩고의 풍부한 광물자원에 대한 글로벌 시장의 이익 다툼에 있음을 폭로하고 콩고 내전의 장기화로 인해 경제적, 정치적 이득을 챙기고 있는 강대국들, 초국가적 기업들, 그리고 콩고의 가부장적 남성 지도자(반군과 정부군 모두)의 추악한 연결고리를 드러낸다. 이들의 탐욕이 그곳의 땅과 여성을 모두 '폐허'로 만들었다.

콩고의 풍부한 자원 중에서 전 세계 매장량의 80퍼센트를 보유하고 있는 콜탄이라는 광석은 휴대전화를 비롯한 전자기기의 과열을 방지하는 부품의 주원료로 사용된다. 21세기에 들어 전세계적으로 휴대폰 및 전자기기의 사용이 폭발적으로 증가하면서 글로벌 시장에서의 콜탄의 가격이 폭등하자 이를 선점하려는 국가 간, 기업 간, 종족 간 투쟁이 악화되고 콩고의 내전 또한 더욱 참혹하고 극렬한 양상으로 치닫게 된다. 콩고 내전은 아프리카 종족 간의 민족분쟁이 아니라 글로벌 시장전쟁이다. 이제 관객은 콩고 내전을 이국적 뉴스거리로 넘겨버릴 수가 없다. 모든 휴대폰 구매자들, 전자기기 사용자들이 글로벌 자본주의의 체제 안에서 콩고의 분쟁을 초래하거나 유지하는 데 직간접적으로 참여하고 있는 것이다. 먼 나라 콩고의 공포와 참상이 이제 내 몸의 일부가 되어버린 핸드폰과 밀접한 관련이 있음을 깨닫는 순간 우리 모두가 전지구적으로 연결된 치밀한 관계망 속에서 살아가고 있음을, 그러므로 이 세계에서 벌어지는 비인간적 폭력에 대해 그 누구도 무죄일 수 없음을 인정하지 않을 수 없다.

인터뷰를 바탕으로 쓰여졌지만 〈폐허〉는 다큐멘터리도 버바팀

(verbatim) 연극도 아닌, 콩고의 긴급한 분쟁 사태를 보다 직접적으로 고발하고 세계시민으로서의 관심과 개입 그리고 공동의 책임을 호소하는 사실주의 연극이다. 사실주의는 상황의 모순에 대한 비판적 시각을 견지하되 인물에 대한 거리두기보다는 공감을 이끌어낼 수 있는 극형식이다. 이 극의 사실주의적인 특징에는 이해하기 쉬운 형태로 보다 넓은 관객층과 소통하고자 하는 작가의 의지가 반영되어 있다.

〈폐허〉의 주인공은 광산마을에서 술집/사창가를 운영하는 마마 나디. 그녀의 술집은 제국주의, 민족주의, 그리고 신자유주의적 자본주의에 의해 무참히 망가진 콩고 여성의 상황을 함축하는 메타포이면서 동시에 이에 대한 여성주의적 대안이 실험되는 이중적 공간이다. 자신의 가족과 종족으로부터 추방되어 마마 나디의 술집으로 흘러들어 온 망가진 여성들에게 마마의 술집은 '사업장'이자 '집'이며 마마는 그들의 '고용주'이자 '마마'이다. 마마 나디는 비윤리적인 기회주의자로 볼 수도 있으나 실상은 모순적이고 양가적인 인물이다. 그녀의 냉정함과 단호함은 그녀의 '집'에 머무는 젊은 여성들의 '가모장'으로서 요구되는 현실적 능력이기도 하다. 그런 점에서 마마는 억척어멈보다는 담배공장에 의지해서 살아가는 사람들을 계속 돕기 위해 무자비한 자본가 슈이타가 필요했던 〈사천의 착한 사람〉의 센테와 닮았다.

〈폐허〉가 학자와 비평가들로부터 가장 많은 비판을 받고 있는 것은 장면 중간중간에 삽입되는 노래와 춤이다. 2장에서 소피가 부르는 〈당신은 잊기 위해 여기 왔어요〉, 4장에서 부르는 〈희귀한 새〉, 2막 1장에서 마마와 소피가 부르는 〈전사〉 등의 감상적이고 낭만적인 노래와 춤이 작품의 어둡고 무거운 정치적 메시지를 희석시킨다는 것이다. 술취한 군인들과 그들의 대장이 대화를 중단하고 소피의 노래를 듣는다. 서정적이고 아름다운 가사가 이들의 상황과 대비되어 아이러니를 만들지만 브레히트의 음악이 만들어내는 아이러니와는 성격이 다르다. 서사극에서의 노래가 극중인물과의 감정이입으로부터 거리를 만들어 인물의 상황과 생각에 대한 관객의 비판적 성찰을 유도한다면, 소피와 마마가 부르는 노래는 극중인물들의 감정을 섬세하고 강렬하게 표현하고 이에 대한 관객의 공감을 유도한다. 소피의 노래는 기도 같고, 마마의 또 다른 '딸' 조세핀의 춤은 굿과 같다. 그들에게 춤과 노래는 일종의 제의이다. 조세핀은 빠른 드럼 비트에 맞춰 처음에는 유혹적으로, 그러다 광기를 뿜어내며 춤을 춘다. 소피의 노래 가사처럼 조세핀은 "세상이 끝난 듯이, 전쟁의 마지막이 온 듯 춤을" 추고 (무대지시문에 따르면) "무언가를 잡으려는 듯 허공을 필사적으로 그러쥔다." 〈폐허〉에서 춤과 노래는 극중인물이나 사건에 대한 비판적 코멘트가 아니라 현실의 외피 이면에 있는 내면세계의 발현이다. 〈인형의 집〉 노라의 타란텔라 춤과 같이.

마찬가지로 평론가들은 마마와 크리스천의 사랑이 결실을 맺는 '유토피아적 결말'이 극의 긴장감과 완성도를 떨어뜨린다고 지적한다. 그러나 마마와 크리스천의 마지막 춤은 인터뷰했던 여성들에게 주는 작가의 응원이자 위로일 수 있다. 제2물결 페미니즘 담론을 평정했던 유물론적 페미니즘에 사랑, 타협, 구원과 같은 "부드러운" 것은 경계 대상이었다. 멜로드라마나 로맨스 소설은 여성 관객/독자를 미혹하는 페미니즘의 적으로 여겨졌고 '맹목적으로' 대중문화를 소비하는 대다수 여성들은 계몽을 필요로 하는 무지한 존재로 치부되어온 것이 사실이다. 그러나 일레인 애스턴과 제럴딘 해리스는 세대 간, 문화 간 차이와 장벽을 넘어 광범위하게 공유할 수 있는 '대중적 페미니즘'의 중요성을 강조하면서 이를 위해서는 비판, 해체, 거리를 강조하는 '강한' 페미니즘 옆에 치유, 교정, 사랑의 작용 능력을 믿는 '약한' 페미니즘을 함께 작동시켜야 한다고 말한다. 극 중 여성들이 겪은 시련은 모두 남성이 지배하는 정치적, 경제적, 문화적 체제에 의해 자행된 것이었다. 그러나 마지막 왈츠에 담긴 위태롭고 연약한 희망은 마마가 망가진 여성들을 가족으로 받아들였듯 크리스천을 친족(kin)으로 받아들이고 있음을 보여준다. 노티지가 상상하는 새로운 친족은 혈연이나 민족이 아니라 연약한 희망을 공유하고 함께 지켜가는 동지적 인간이자 세계시민이다.

댄 레벨라토는 민족주의와 세계화의 대안으로 코스모폴리타니즘을 제시한다. 코스모폴리타니즘은 모든 인간이, 저마다의 차이에도 불구하고, 하나의 공동체의 일원으로 동등한 도덕적 보호를 받을 가치가 있다는 믿음이며 전지구적 윤리 공동체를 육성하고 확장함으로써 그 믿음을 실천하는 것이다. 코스모폴리타니즘의 초문화적 연대는 스스로를 세계시민으로 자각한 개인들의 자발적 참여와 의지로 이루어지는 것으로 세계화가 초래한 불평등, 불의, 딜레마를 타계할 대안이 될 수 있다. 이러한 의식의 전지구적 확장은 지구온난화와 같은 공동의 재난으로 인해 더욱 절실하게 요청되고 있다.

이미 기원전 4세기에 그리스의 철학자 디오게네스가 자신을 '세계시민'이라는 의미의 '코스모폴리탄'으로 지칭한 바 있다. 이후 서구에서 전개된 역사적 코스모폴리타니즘이 경제자본과 문화자본을 겸비한 엘리트 계층의 특권과 책임의식을 강조하는 '위로부터의 코스모폴리타니즘'이었다면 최근 새롭게 조명되고 있는 코스모폴리타니즘은 급격히 진행되는 세계화 속에서 날로 늘어가는 난민, 망명자, 이민자. 이산자 등 서구 자본주의의 희생자들의 세계시민성에 대한 관심, 즉 '아래로부터의 코스모폴리타니즘'이다. 특히 이를 여성주의와 연계한 코스모페미니즘이 새로운 관심을 받고 있다. 이미 20세기 초 버지니아 울프는 "여성인 내게 국가는 없습니다. 나는 국가를 원치 않습니다. 여성인 내게 국가는 온 세계입니다."라고 천명했고 1980년대 미국의 여성운동가인 로빈 모건은 울프의 정신을 이어받아 민족국가의 근간이 가부장주의인 이상 모든 여성은 문화권을 불문하고 민족주의와 근본적으로 적대관계에 있다고 주장하면서 세계의 여성들이 민족을 넘어 공유할 수 있는 가치를 만들어가야 한다고 역설했다.

코스모폴리타니즘이 사회, 정치문제 등 거대담론을 중심으로 전개되는 경향이 있다면 코스모페미니즘은 보통사람들의 일상에 내재한 세계시민성에 대한 탐구를 시도한다. 코스모페미니즘은 사적 영역과 개인의 일상을 세계시민(성)이 교섭되는 핵심적 영역으로 인식하고 그 안에서 법, 정치, 공적 윤리가 작동하는 방식을 전경화한다. 인종, 계급, 젠더 등 교차되는 정체성의 유동성과 복합성에 포커스를 맞추고, 수직적 위계가 아닌 수평적 상호작용과 이를 통한 변화의 과정에 관심을 갖는 노티지의 〈폐허〉는 이러한 코스모페미니즘적 전망을 보여준다.

4. 〈스웨트〉, '실제의 드라마터지'

노티지에게 두 번째 퓰리처상을 안겨준 〈스웨트(SWEAT)〉는 2015년 미국 대통령 선거 유세 기간에 오리건 셰익스피어 페스티벌에서 초연되었다. 이듬해 예상을 뒤집고 도널드 트럼프가 미국 대통령으로 당선되자 충격에 빠진 진보주의자들이 그를 지지한 백인 노동자 계층을 '개돼지'라고 비난하는 와중에 뉴욕 무대에 올려졌다. 선거 기간 내내 트럼프는 미국 중산층의 몰락은 민주당의 '자유'와 '포용' 정책 때문이라며 그들의 분노를 부채질했고 그 과정에서 이민자에 대한 반감 역시 증폭되었다. 정치권의 무관심 속에 버려지고 잊혀진 존재로 추락했던 러스트 벨트(쇠락한 공업지대)의 백인 노동자들은 2016년 대선에서 자신들의 존재를 인정하고 "다시 미국을 위대하게 만들자"고 외치는 트럼프에게로 돌아섰다. 그런 점에서 이들의 고통과 배신감을 선구적으로 무대화한 〈스웨트〉는 일종의 예언적인 연극이었다.

〈스웨트〉는 탈산업화 시대에 벼랑 끝으로 몰린 프레카리아트 계층의 삶을 동네 술집을 배경으로 그리고 있는 연극이다. 작품의 무대는 한 때 미국 제조업의 허브였으나 이제는 미국 내 가장 가난한 도시로 전락한 펜실베이니아주 레딩(Reading)이다. 여기 20년 넘게 한 공장에서 하루 10시간씩 서서 일해온 사람들이 있다. 할아버지와 아버지가 평생을 바쳤고, 아들의 직장이기도 한 공장이 하루아침에 이들에게 문을 걸어 잠갔다. 여러 세대에 걸쳐 피땀으로 쟁취한 임금과 복지 혜택의 반 이상을 삭감하는 계약서에 서명하지 않으면 평생 이를 악물고 지켜온 직장으로 되돌아갈 수 없다. 예전처럼 노조를 통해 격렬하게 저항하면서 사측과 협상을 시도해보지만 이제 상황이 달라졌다. 세계화와 신자유주의의 영향으로 국가 간 경제 규제를 철폐한 북미자유무역협정(NAFTA) 덕분에 경영진에게 새로운 선택권이 주어졌기 때문이다. 노조가 말을 안 들으면 값싼 노동력을 찾아 남미로 공장을 통째로 옮기면 된다. 힘을 잃은 노조는 와해되고 이들을 지탱해주던 가족과 공동체가 파괴된다.

작가가 공장 노동자들의 이야기를 풀어내면서 공장이 아닌 술집을 주 무대로 선택했다는 점이 흥미롭다. 하루 일과를 마치고 하나둘씩 모여드는 단골 술집은 고된 노동과 공장의 통제로부터 잠시나마 해방될 수 있는 피난처이자 안식처이다. 극의 초반 다양한 인종, 세대, 젠더를 포용하고 연결하는 술집은 소속감과 유대감을 제공하는 이상적인 공동체로 그려진다. 그러나 술집은 외부의 격랑으로부터 차단된 안

전지대가 아니며 처음부터 균열의 조짐이 보이는 곳이기도 하다. 다양한 정체성을 가진 이들이 동등하고 자유롭게 서로의 애환을 나누던 술집의 생태계가 극이 진행되면서 점차 외부의 힘에 의해 균열되고 붕괴되기 시작한다. 경제적 위기가 닥치자 잠재해 있던 역사적, 심리적 갈등 요인들이 수면 위로 올라오고 술집은 해묵은 앙금과 인종적 편견이 극단으로 치닫는 폭력적 장소로 변모한다.

〈스웨트〉는 〈폐허〉와 마찬가지로 극작가 노티지가 2년 반 동안 레딩 주민들과 직접 인터뷰한 내용을 토대로 집필되었다. 이 극은 삶 전체를 미국적 신화에 투자한 사람들의 이야기이다. 경고도 없이 시작된 경제의 구조적 변화로 인해 이들은 더 이상 신화는 존재하지 않는다는 사실에 직면한다. 자신들의 삶을 이해하고 해석할 서사가 사라졌다. 〈스웨트〉는 2000년과 2008년을 병치하면서 탈산업화가 급격하게 이루어지는 시기를 조명하고 관객은 산업화의 역군이자 미국 경제 발전의 영웅으로 칭송받던 미국의 블루칼라들이 실업자, 약쟁이, 노숙자로 내몰리는 상황을 목도한다. 회사는 노동자 간의 계층적 분열과 인종적 반목을 조장하고 그들의 정체성과 자부심의 근간인 노조를 무력화시켜놓고는 결국 공장을 폐쇄한다. 일자리도, 가족도, 공동체도 잃어버린 이들이 무대 위에서 절규한다. 이제 어떻게 살아가야 하냐고. 근본적인 원인은 인간에 대한 최소한의 예의도 저버린 자본주의 체제에 있지만 그렇다고 개인의 책임이 완전히 면제되는 것은 아니다. 브레히트의 인물들처럼 그들은 각 단계마다 다른 선택을 할 수도 있었다. 작가는 극의 마지막 순간에 그 개인들의 성찰과 선택의 시간으로 우리를 데리고 간다. 각기 다른 인종의 세 젊은이가 침묵 속에서 '함께' 다음 선택을 고민하는 마지막 장면은 공동체의 재건과 성장을 위한 또 다른 시작의 가능성을 암시한다.

캐럴 마틴은 버바팀 연극, 다큐멘터리 연극 등 사실에 근거한 연극 형식의 창작을 '실제의 드라마터지(dramaturgy of the real)'로 명명한다. 장기간에 걸친 인터뷰에 기반한 노티지의 극작 방식 역시 '실제의 드라마터지'에 해당한다고 볼 수 있다. 〈스웨트〉는 레딩 주민들과의 인터뷰 내용을 토대로 할 뿐만 아니라 각 장을 당시의 실제 뉴스 화면으로 시작하는 등 다양한 다큐멘터리적 기법을 사용한다. 사실 노동 문제를 다루는 연극에서 다큐멘터리적인 기법이 발견되는 것은 드문 일이 아니다. 다큐멘터리 기법이 사회정치적인 이슈를 다루는 데 있어서 용이한 측면이 있기 때문이다. 그러나 다큐멘터리를 표방하고 사실성을 강조하는 순간 작품의 진정성은 의심을 받게 된다. 작가의 해석과 상상, 선택과 배열을 통해 허구적 요소가 섞일 수밖에 없기 때문이다.

〈스웨트〉는 실제 인물들과의 인터뷰, 그리고 레딩에 대한 광범위한 리서치를 통해 수합한 자료에 근거하고 있지만 다큐를 표방하지도, 다큐의 객관성과 공공성을 내세우지도 않는 '휴먼' 드라마다. 노티지의 궁극적인 관심은 팩트나 객관성보다 다큐멘터리가 자칫 놓칠 수 있는 리얼리티의 복합적이고 다층적인 '교차성'을 일상적 인간을 통해 들여다보는 것이다. 노티지의 '휴먼'은 추상적이거나 획일적이지 않다. 〈스웨트〉에서 우리는 한 뭉치의 노동자들이 아닌 각기 다른 역사적 맥락과 심리적 지형을 가진 고유한 인간들을 마주한다. 노동자라는 동일한 표상 아래 존재하는 이들의 개별성은 각자의 마음속에 있는 우물처럼 깊고 어두운 상처와 탯줄처럼 연결되어 있다. 이들은 자신의 우물을 문학적 언어나 철학적 의미로 포장하지 않는다. 오히려 욕설이 난무하는 날것 그대로의 거친 언어 속에 블루칼라(blue-collar) 혹은 레드넥(redneck)이라는 획일적 정체성으로 약분하거나 통분될 수 없는 각자의 우물이 드러나면서 그들 하나하나를 입체적이고 복합적인 하나의 세계로 볼 수 있는 창이 열린다.

구술 자료에 근거한 노티지의 작품은 작품의 내용뿐 아니라 창작 과정 자체의 정치적 의미가 두드러진다는 점에서 브레히트의 현대적 응용 또는 재발견으로 읽을 수 있다. 그러나 동시에 강력한 사실주의적 전통에 뿌리박고 있어서 많은 평자들이 노티지의 작품의 특징을 상반된 두 양식의 공존으로 설명한다. 그러나 나는 노티지의 작품이 브레히트와 사실주의라는 이질적 요소의 융합을 보여주는 것이 아니라 오히려 두 양식의 본래적 친연성을 반증하고 있다고 본다. 노티지의 '실제의 드라마터지'는 다큐멘터리 연극 속에 본래적으로 존재하는 리얼리즘적 요소를 새롭게 발견하도록 함으로써 다큐멘터리 연극과 리얼리즘 연극을 이분법적으로 바라보는 기존의 시각에 대한 재검토를 요청한다. 사실 브레히트 자신 역시(아리스토텔레스적 드라마는 거부했지만) 스토리도, 극적 서스펜스도 버리지 않았다. 소위 뉴 다큐멘터리 연극,

혹은 버바팀 연극이 브레히트로부터 취하지 않은 것이 바로 이야기의 힘과 극적 긴장감일 것이다. 이들은 피스카토르와 브레히트의 계보를 잇는 동시에 논리의 상대성, 불확실성, 파편적 관점과 같은 후기구조주의의 이념적 유산을 계승한다. 뉴 다큐멘터리 연극의 아이러니는 '다큐먼트' 자체의 권위와 진실에 대한 불신에 기반해 있다는 것이다.

노티지의 작품을 공연하는 배우들은 대부분 스타니슬라브스키적인 방식으로 인물에 접근하고 해석하고 연기한다. 작품이 이슈나 이념이 아닌 인간의 심리에 집중하기 때문이다. 그러나 정치적 이슈와 인물의 심리는 무관하지 않으며 의외로 브레히트와 스타니슬라브스키는 공통점이 많다. 그들에게 연극의 궁극적 목적은 사유를 통한 계몽이었으며 표피적 핍진성을 거부하고 삶의 진면목, 실체를 보여주는 것이었기 때문이다. 일상의 언어에 집중하고 그 안에 담긴 시학을 포착한다는 점에서 노티지의 '실제의 드라마터지'는 스타니슬라브스키의 연극론/연기론과 가깝다. 〈스웨트〉의 노동자들이 사용하는 거친 언어는─블루칼라들의 실제 언어에 대한 자연주의적 미메시스에 그치는 것이 아니라─그들의 정신세계를 연주하는 음악이다. 인터뷰의 내용들은 노티지의 이러한 미학적 프리즘을 통과하여 다른 차원의 기의를 획득한다. 그것이 저널리즘과 연극의 차이다.

연극은 아무리 '사실'을 표방해도 리얼리티에 대한 유추적 대응물이다. 오히려 연극의 안과 밖의 경계가 사리질 때 연극도 리얼리티도 무의미해진다. 그러므로 어떤 극이 '진정한' 버바팀이냐 아니냐를 따지는 것 보다 더 중요한 질문은 인터뷰를 한 이들과 언어적으로, 비언어적으로 어떤 인지적 커넥션을 만들고 있는가, 그리고 그 관계의 진정성이 어떻게 연극적 형태로 번역되었느냐에 있다. 인터뷰를 통해 실제 인물들을 이해하고, 공감하고, 분석하는 과정은 흥미롭게도(감정을 배제한 거리두기가 아니라) 스타니슬라브스키적 배우가 캐릭터의 상황, 심리, 배경에 접근하는 방식과 흡사하다. 스타니슬라브스키는 진실에는 세 가지 종류가 있다고 말했다. 관습적으로 받아들여지는 진실, 실제 삶 속에 존재하는 진실, 그리고 연극적 진실. 그에게 연극적 진실이란 미학적으로 구성된 정제된 리얼리티다. 노티지의 극작법이 추구하는 것도 사실의 미학적 증류를 거친 연극적 진실이다. 2년 반 동안의 인터뷰가 2시간 30분의 극으로 '압축'되고 '심화'될 때 그것은 진실의 축소나 은폐가 아니라 진실이 관객에게 인지 가능하고 적용 가능한 예술적 형태로 '응결'되는 것이다. 연극은 모방된 행위(미메시스)이지 실제 행위가 아니며 바로 그 점이 연극의 힘이다. 나는 엄격한 의미에서 새로운 극작술이란 없다고 본다. 굳이 나누자면 극작과 극작이 아닌 것이 있을 뿐.

5. 나가며

리얼리즘이 허상을 진실로 포장해 재현하는 닫힌 체계라는 주장은 그 자체로 하나의 신화이다. 리얼리즘이라는 골리앗을 상대로 싸우는 용감한 다윗을 자처한 수많은 실험적/해체적 미학들이 내세우는 이 이론적 무기는 상대에 대한 단편적 지식과 자조적 해석을 넘어서는 날카로운 칼끝을 벼리지 못한 채 무차별적으로 휘둘러졌고 그사이 문화적 권력에 대한 스스로의 욕망을 여지없이 드러내기도 했다. 앞서 언급한 바와 같이 그 덕분에 리얼리즘이 살아남아 진화한 측면도 있지만 리얼리즘의 굳건한 존재가 허다한 반사실주의(들)의 출몰과 발전을 추동한 것이라는 주장도 가능하다.

『시학』에서 아리스토텔레스는 '예술은 진리를 담을 수 없다'는 플라톤의 이원론을 비판하면서 드라마의 재현/모방/미메시스를 현실 자체가 아닌 현실의 가능태를 투영하는 복합적 행위이자 포괄적 과정으로 파악한다. 그러나 데카르트의 '나는 생각한다, 고로 존재한다'는 명제와 함께 탄생한 근대적 주체 개념은 칸트와 헤겔로 이어지며 절대화되었다. 모든 것을 통제하는 '생각하는 주체'의 막강한 힘은 아리스토텔레스가 미메시스 개념에 남겨둔 한시적, 모순적, 이중적 긴장을 희석시키고 '재현=현실'이라는 재현의 절대권력을 근대 예술의 본령으로 삼는다. 개연성이 아닌 핍진성으로 재현의 패러다임이 바뀌면서 세상을 관통하는 보편적 법칙을 꿰뚫어 보고 이를 무대 위에 재현하는 과업을 인간의 이성이 담당하게 된다. 그러나 근대적 이성이 찾아낸 '법칙'이란 진정으로 보편적인 그 무엇이 아니라 지배세력의 현실에 준거한 서구/남성중심주의였다.

드라마는 미메시스와 뮈토스가 교차하는 은유적 도약이다. '이다 (A=B)'와 '아니다(A≠B)'라는 이중 운동('아닌 것이 아니다')의 층위에 존재하는 드라마는 스스로의 불확정성과 불확실성을 부정하거나 은폐하지 않는다. 드라마의 잠정적, 허구적 속성을 극작가도, 배우도, 그리고 그 누구보다 관객도 잘 알고 있다. 연극의 수행성 자체를 가능하게 하는 이 오랜 약속을 망각했거나, 의도적으로 희석시킨 것은 근대 계몽주의적 철학자와 비평가들이었다. 그러나 이성이 진리를 거울처럼 재현해낼 수 있다는 믿음은 오랜 드라마의 역사 중 매우 짧은 기간에 한정한 근대적 사고방식이지 미메시스의 본래적 속성과는 거리가 멀다. 그럼에도 불구하고 (재현에 대한 근대적 주체의 절대적 신뢰만큼이나) 재현에 대한 반사실주의 혹은 포스트모더니즘의 부정은 전면적이고 일면적이다. 아이러니하게도 (포스트)모더니스트 이론가들은 미메시스를 축자적으로 규정한 계몽주의적 논리에 근거하여 재현을 획일적으로 타자화하고 특정 권력의 결과물로 매도한다. 아예 재현의 시도 자체를 중지한 포스트드라마에서 우리는 재현의 진정한 속성이자 가치인 '재현의 실패'를 온전히 경험하지 못하고 재현의 불가능성이라는 관념 또는 이미지만 소비하는 역설적 상황에 놓이게 된다.

돌이켜보면 '보통 사람의 현실'을 재현하는 리얼리즘은 예술사에서 가장 혁명적인 전환이었다. 그 이전에는 그런 삶이 기록되거나 묘사되거나 상상될 가치가 있다고 생각하지 않았기 때문이다. 더구나 보통 사람들의 삶을 단순히 복사하는 것이 아니라 진지하게, 큰 문제를 함축하고 있는 것으로, 어쩌면 비극의 깊이를 가질 수 있는 것으로 바라봤다는 점에서 그러하다. 그 이전까지 통치자, 영웅, 귀족 등 지배계층의 삶만이 사회의 운명과 정신적 문제들과 직결된 진지하고 비극적인 삶으로 이해되었음을 생각할 때 리얼리즘적 전환은 실로 파격적인 것이었다. 리얼리즘 드라마의 토대가 되는 감정의 구조, 즉 현대성의 핵심은 인간에 의한, 인간에 대한 진실을 당대적 조건하에서 이해하고자 하는 열망이다. 레이먼드 윌리엄스가 리얼리즘 드라마를 '결정적 전환점'이자 드라마 역사상 가장 위대한 혁명 중 하나로 보는 이유는 인간 드라마의 본질을 신화, 종교, 형이상학적 신념이 아닌 지금 처한 바로 그 상황과의 '직면(confrontation)'에서 찾는 사실주의/자연주의 드라마 형식에서 인간 이해의 근간을 재규정하기 위한 오랜 노력의 결실을 보았기 때문이다.

브레히트가 경계했던 것은 리얼리즘 자체가 아니라 당시 주류 사실주의 연극이 상정했던 논리적 실증주의였다. 이제 실증주의와 결별한 21세기의 리얼리즘은 아방가르드 연극의 적대적 공격 속에서도 살아남아 새로운 단계로 진화하고 있다. 진실의 복수성과 리얼리티의 교차성, 연극의 수행성과 전이성을 전경화하는 노티지의 열린 리얼리즘은 장르와 이념을 초월하여 다양한 정치적, 미학적 입장을 대변하고 전달한다. 가장 심화된 정체성 정치학은 이론이나 사상이 아닌 구체적인 인간의 경험, 보통사람들의 일상성에서 나온다. 그것이 노티지의 '리얼리즘 리부트'가 갖는 힘이다.

참고문헌

그레고리 베이트슨, 『마음의 생태학』, 박대식 역, 책세상, 2006(1970).

손희정, 『페미니즘 리부트 – 혐오의 시대를 뚫고 나온 목소리들』, 나무연필, 2017.

에리히 아우어바흐, 『미메시스』, 김우창·유종호 역, 민음사, 2012.

최성희, 「다문화주의의 허와 실 : 아시아계 미국드라마에 나타난 양상을 중심으로」, 『영어영문학』 52.1, 2006, 3~30쪽.

――――, 「세계화의 여성주의적 전유 : 린 노티지의 〈페허〉에 나타난 코스모페미니즘 연구」, 『영미문학페미니즘』 22.2 2014, 297~327쪽.

――――, 「린 노티지, 사실주의의 재발견」, 『연극평론』 102, 2021, 153~162쪽.

――――, 「거울의 거울, 현대드라마의 자기반영성과 미메시스의 확장」, 『한국연극학』 66, 2022, 213~245쪽.

Aristotle, "Poetics" in *Dramatic Theory and Criticism*, ed. Bernard F. Dukore, New York: Holt, Rinehart and Winston, 1974.

Aston, Elaine and Geraldine Harris, *A Good Night Out for the Girls: Popular Feminisms in Contemporary Theatre and Performance*, London: Palgrave MacMillan, 2013.

Bigsby, Christopher, *Twenty-First Century American Playwrights*, Cambridge: Cambridge University Press, 2018.

Buckner, Jocelyn L., *A Critical Companion to Lynn Nottage*, Routledge, 2016.

Lehmann, Hans-Thies, *Postdramatic Theatre*, London and New York: Routledge, 2006.

Martin, Carol, ed, *Dramaturgy of the Real on the World Stage*, New York: Palgrave Macmillan, 2010.

Morgan, Robin. "Planetary Feminism: The Politics of the Twenty-first Century." *Sisterhood is Global: The International Women's Movement Anthology*, Ed. Robin Morgan. Garden City: Anchor Press, 1984, pp.1~37.

Nottage, Lynne. "Out of East Africa", *American Theatre* 22.5, 2005, pp.26~27, pp.66~68.

———, *Ruined*, New York: Theatre Communication Group Books, 2009.

———, *Sweat*, New York: Theatre Communication Group Books, 2017.

Rebellato, Dan, *Theatre and Globalization*, Lodon: Palgrave Macmillan, 2009.

Szondi, Peter, *The Theory of the Modern Drama*, Cambridge: Polity Press, 1987.

Williams, Raymond, *Drama from Ibsen to Brecht*, Oxford: Oxford University Press, 1969.

사이먼 스톤의 '덧대어 쓰기'

: 〈예르마〉와 〈메데이아〉를 중심으로

최 영 주

Simon
Stone

사이먼 스톤의 '덧대어 쓰기'[1]
〈예르마〉와 〈메데이아〉를 중심으로

1. 작가와 작품

1.1. 우상, 파괴 또는 보존하기?

오래전에 쓰인 희곡이 더 이상 동시대인의 삶을 반영할 수 없다고 여겨질 즈음, 과거의 희곡으로 동시대 관객과 조우하는 흔히 볼 수 있는 방식은 연출가의 대담한 손길을 통해서였다. 고전은 연출가에게 자신만의 미학을 안심하고 든든하게 담아낼 수 있는 용기(容器)였고, 관객에게 당당히 선뜻 다가설 수 있는 다리가 되어주곤 했다. 그리고 그

---

1 이 글은 한국연극평론가협회의 『연극평론』에 연재된 "동시대 극작술" 중 2020년 98호에 실린 「사이몬 스톤의 '덧대어 쓰기' : 〈예르마〉를 중심으로」를 토대로 발전시킨 것이다.

과정에서 희곡의 언어는 미장센에 자리를 내주면서 생략되거나 의미를 비워내도록 강요되곤 했다. 미장센을 위한 부속물이 되어야 했던 것이다. 무대로부터 의미는 부박해졌고 그로 인해 '자연'을 비춰내야 한다고 믿었던 연극 본유의 기능도 얇아졌다. 이 같은 1970, 80년대를 풍미했던 연출가 연극에 대한 반발과 언어의 복원을 갈망하는 목소리가 들려오기 시작한 시점은 1980년대 말경이다. 다작으로 유명한 작가이자 연출가인 미국의 디츠(Steven Dietz)는 '새로운 글쓰기'의 붐이 일기 전 다시 한번 글을 보살펴 희곡을 지어야 한다는 소명을 절감한다. 그는 작가라면 연극으로 세상에 대해 발화해야 하며, 글에 생각을 불어넣고 주제를 끄집어낼 수 있어야 한다고 주장하였다. 걸작은 강력한 주제를 품고 있기에 공인되었다고 보았다. 여기에 인물의 자의식에 대한 탐색이 전개되고 그는 이제 다시 한번 교조적이지 않은 언어 스타일이나 시, 이야기가 강화되고 존중되어야 할 때가 되었다고 주장하였다.[2] 그의 예언처럼 서구 연극계에는 1990년대를 기점으로 90년대를 기점으로 젊은 작가들이 다양한 글쓰기로 변두리로부터 중앙으로 진입하여 연극무대를 뜨거운 관심의 장으로 떠받치고 있는 중이다.

연출가이자 작가인 사이먼 스톤(Simon Stone)은 새로운 글쓰기 양식 중 '덧대어 쓰기(over-writing)'의 방식으로 언어를 활성화시켜 고전 텍스

---

2   Steven Dietz, "Stage: Wanted: A Return to a Theater of Eloquence", *Los Angeles Times*, 1988/3/20. https://buly.kr/7QGVTB7.(2021년 8월 20일 접속.)

트의 원형적 비극성을 지금·이곳의 개인의 현실 속으로 소환해내는 길을 모색한 점에서 주목할 만하다. 그의 '덧대어 쓰기'는 동시대 개인의 삶의 상황을 텍스트로 그리고 고전을 콘텍스트로 구성하는 것으로 수행된다. 관객은 동시대 개인의 삶을 무대에서 확인하면서도 그림자처럼 어려 있는 고전의 텍스트와 대화 관계에 놓이게 된다. 이를 통해 스톤의 '덧대어 쓰기'는 과거와 현재를 대위적 관계로 병치시키면서 삶의 필연성과 보편성을 확보하게 된다. 베데킨트(Frank Wedekind)의 〈사춘기(Spring Awakening)〉(2007)에서부터 〈플라잇 49(Flight 49)〉(2020)에 이르는 그의 거의 모든 전작들이 '덧대어 쓰기'로 탄생하였다. 과거로부터 지금·이곳으로 이어지는 삶의 모습을 투명하리만치 정제하여 포착함으로써 그의 드라마투르기는 단순한 번안을 넘어 새로운 생명력을 보여준다는 점에서 주목할 만하다. '덧대어 쓰기'를 통해 스톤은 극작과 연출 10년의 경력만으로 호주를 넘어 영미 연극계로 진입하고 유럽 연극의 중심부에 깊숙이 들어와 있는 상황이다.

그의 드라마투르기 방식은 동시대 개인의 삶 속에 고전 속의 인간상의 원형을 중첩시키는 데서 나아가 농밀한 순간의 현존을 포착하는 데서도 더욱 눈부시다. 이 점에서 그는 이보 반 호프(Ivo van Hove)로부터 "연극 언어를 사사받았다"고 수긍한다. 그가 발견한 호프의 연출 방식은 "정치적인 문제의 핵심의 심층을 파고들되 관객을 두렵게 만들지 않고 연루시키는" 점이다. 한편, 호프는 연출과 극작을 동시에 하는 스톤이야말로 "읽을 만한 텍스트를 만들어 긴박하게 밀어붙이면서 개인적인 차원의 내밀한 긴장감을 만들어낸다"고 탄복한다. 그의 텍스트는 "빠르거나 늦은 속도"를 적절하게 갈무리하며 "에너지를 포착"하는 데서 특히 능하다.[3] 그는 스톤의 연극이 텍스트로부터 공연으로 넘어가면서 지각적 충동을 강화하며 무대와 관객 사이의 농밀한 공모 관계를 성취하는데, 그것은 연출가로서도 흔치 않는 탁월한 드문 재능이라고 인정한다. 이 글은 스톤의 공연 미학에 토대가 되는 극작술의 방식을 그가 영국 영 빅(Young Vic) 극장과 공동 제작한 〈예르마〉와 토닐 그룹 암스테르담(Toneelgroep Amsterdam)과 공동 제작한 〈메데이아〉를 통해 탐색해볼 것이다.

1.2. 사이먼 스톤, 그는 누구인가

스톤은 1984년에 스위스의 바젤에서 생화학자인 아버지 스튜어트 스톤(Stuart Stone)과 수의학자인 어머니 엘리너 맥키(Eleanor Mackie) 사이에서 태어났다. 1991년 케임브리지로 이주하였다가 1996년 이후 호주 멜버른에 정착하고, 멜버른 소재 빅토리아예술대학에서 공부하였다. 가족이 멜버른에 이주한 그해 열두 살 때 스톤은 풀장에서 함께 놀던 아버지가 심장마비로 죽는 것을 목격하게 된다. 이 사건은 지울 수 없

---

3 Simon Stone and Ivo van Hove, "Medea's Director Simon Stone in Conversation with Ivo van Hove", https://buly.kr/3CIJvfe, 2020/2/6.(2020년 7월 21일 접속.)

는 트라우마가 되어 이후 그의 작품 세계에 영향을 미친다.

2007년 대학을 졸업한 후 23세의 나이로 스톤은 멜버른에서 극단 헤이로프트 프로젝트(The Hayloft Project)를 창단하고, 베데킨트(Frank Wedekind)의 〈사춘기(Spring Awakening)〉를 무대에 올려 단번에 세간의 관심을 모았다. 그 밖에 〈플라토노프(Platonov)〉, 〈3x자매들(3xSisters)〉, 〈자살(The Suicide)〉, 〈외동아들(The Only Child)〉 역시 이때 그가 연출한 작품들이다. 2011년 호주 시드니 소재 벨보아(Belvoir)극장에 상주 연출가가 되어 '덧대어 쓰기' 방식으로 각색하고 연출한 〈야생 오리(The Wild Duck)〉가 입센 연극제(2013)와 홀랜드 연극제(2015)에 초청되면서 스톤의 이름을 국제적으로 알리는 계기가 된다. 2015년부터는 바젤극장의 상주 연출가가 되어 〈미국의 천사들(Angels in America)〉과 〈존 가브리엘 보크만〉, 〈세 자매(John Gabriel Borkman)〉, 〈호텔 스트린드베리히(Hotel Strindberg)〉 등을 연출하였다. 최근 스톤의 도드라진 행보는 암스테르담 국제극장(International Theatre of Amsterdam, ITA)과의 협업이다. ITA의 전신인 토닐그룹 암스테르담과 함께한 〈메데이아(Medea)〉(2014), ITA와의 〈남편들과 아내들(Husbands and wives)〉(2016), 〈입센의 집(Ibsen House)〉(2017), 〈플라잇 49〉(2020)을 연이어 제작하며 국제적인 작가이자 연출가로 명성을 더욱 공고히 다지고 있다.

2016년 스톤은 영국 영 빅(Young Vic) 극장과 협업하여 로르카의 〈예르마〉를 '덧대어 쓰기' 방식에 의한 현대적 버전으로 무대에 올리며 다시 한번 시선을 집중시킨 바 있다. 이 작품은 배우 파이퍼(Billie Piper)가

여주인공으로 등장하며 '올리비에상'에서 여우주연상과 함께 최고의 리바이벌 희곡상 외에 다수의 수상을 통해 눈부신 성과를 이루기도 했다. 현재 그는 극작과 연출을 겸하면서 TV 드라마와 영화에 배우로도 출연하고 있고, 영화 〈딸(Daughter)〉(2015)과 〈딕(Dig)〉(2021)을 연출하며 활동 폭을 넓혀가고 있다.

2. 사이먼 스톤의 '덧대어 쓰기'

다시 쓴 희곡이 동시대 개인의 삶을 완벽하게 그려내고 있는 상황에서 그는 왜 군이 원작의 이름을 매번 제목으로 사용할까? 제목을 바꿨더라면 그의 희곡과 원전과의 연관 관계를 명확하게 짚어내기는 쉽지 않을 터이다. 모름지기 작가란 창의적인 상상력을 인정받아 예술가로서의 정체성을 성취하는 것이 아닌가. 〈메데이아〉의 경우, "왜 오래전에 일어난 일에 관해 쓴 이 옛 희곡을 선택했냐"는 제작자 데이비드 랜(David Lan)의 질문에 대해 스톤은 이렇게 대답한다.

사이먼 왜냐하면 (고전) 희곡에서 발생한 일이 계속 발생하기 때문이다. 인간성의 저주라는 것이 우리가 같은 실수를 계속하게 한다. 우리는 운명을 피하기 위해 역사로부터 배우려고 하지만, 이러한 행위가 모종의 우주적인 카르마인 것처럼 이런 주제는 계속 일어난다. 옛 이야기인 〈메데이아〉가 하나의 경고처럼

존재하고 있다는 사실에도 불구하고 여자가 자식을 죽이는 그
런 일은 아주 드물긴 하지만 일어나기에 우리가 이런 연극을
하는 것이다.

데이비드 무엇에 대한 경고인가?

사이먼 삶에서 위태로운 순간 여자를 소외시키고 주변화시킬 때 일어
나는 일에 대해? 이 이야기의 초기 판본에서 메데이아는 마녀
였다. 그녀는 독약을 만들고 마법을 부린다. 동시에 그녀는 남
편 이아손을 위해 모든 것을 희생한 여자이다. 그녀는 가족을
살해해 난민이 되었고 그로 인해 모든 힘을 소진했다. 그들이
안전한 장소에 도착했을 때 이아손은 다른 가족에게 충성하는
것이 이익이라는 것을 깨닫고 메데이아가 그에게 준 모든 것
에도 불구하고 의리 없이 다른 여자에게로 가버린다. 그게 역
사를 통해 내가 본 이야기이다.[4]

스톤의 '덧대어 쓰기'는 원작의 인물이 지금 이곳에서 또 다른 이름
으로 살아 숨 쉬며 같은 실수를 반복하고 고초를 겪고 있다는 믿음에
근거한다. 그는 정전으로 꼽히고 있는 작품이 인간 삶의 원형을 포착
하고 있다고 본다. 인간에게는 불가피한 상황이 있게 마련이고 이에
대해 인간은 한계와 속성으로 인해 실수를 반복할 수밖에 없다고 보는
것이다. 그는 '덧대어 쓰기'를 통해 고전 속의 인물이 시간 여행을 통
해 현재에도 끊임없이 불사조처럼 부활하고 있음을 증언한다.

4　Simon Stone and David Lane, *Medea* Program, Toneelgroeamsterdam, International
Theatre of Amsterdam. 2014. p.4.

2018년 있었던 〈예르마〉 뉴욕 공연 중에 마련된 예술가와의 대화에서 극작의 의도를 묻는 앤 보가트(Anne Bogart)의 질문에 대해서도 스톤은 같은 의견을 토로한다. 그가 글을 쓰고 연출하는 것은 작가로서 그리고 연출가로서 창의적이고자 하는 데 있지 않다. 그의 관심은 고전이 이야기하고 있는 "아이디어이며, 그것을 우리가 사는 세계에 반영하는 것이고, 객석에 있을지 모르는 사람들을 무대에 세우는 것이다". 그는 연극의 의도란 "관객 역시도 그러한 저주에 걸릴 수 있다는 것을 경계하게 하고 카르마를 벗어나지 못한 타인들에 대해 성찰하며 외면하지 말고 연대하는 것"에 있다고 주장한다.[5] 즉, 고전 희곡이 품고 있는 거대한 아이디어와 카르마처럼 동시대에 반복되고 있는 삶의 문제적 상황이 그의 '덧대어 쓰기'의 전제 조건이랄 수 있다.

원작에 대한 깊은 이해를 토대로 도덕적 딜레마에 빠진 인물의 갈등을 투명할 정도로 명료하게 포착하고 있다는 점이 스톤의 무대에서 매번 확인된다. 그는 때로 리허설 과정에서 자신의 관점을 피력하며 배우들과 논의를 통해 언어를 구성하고 조율한다. 그 자신 역시 배우이기도 한 상황에서 그는 배우들을 창작 과정의 파트너로 참여시킨다. 먼저 하나의 텍스트가 정해지면 그는 텍스트를 분석하여 그것이 삶의 본질을 어떻게 포착하고 있는지를 분석한다. 그리고 그 상황이 지금

---

5 Simon Stone and Anne Bogart, *Artist Talk: Yerma*, https://buly.kr/6ibTY9y, 2018/4/6.(2020년 7월 21일 접속.)

동시대에서 어떻게 반복되어 발견되는지를 탐색한다. 이 과정에서 그는 필요한 경우 하나의 장면을 배우들과의 리허설을 통해 즉흥으로 해보고 인물을 구성하면서 발전시킨다. 소위 '쪽 대본'이라는 것이 그의 글쓰기 과정에서 종종 발생한다. 이러한 글쓰기 전략을 통해 공연 구성원들은 극적 상황을 분명하게 공유하며 인지한다. 핵심은 고전이 담고 있는 인간 문제의 본질에 접근하는 것이다. 그는 〈메데이아〉와 〈예르마〉에서 삶의 본질을 이렇게 파악한다.

> 메데이아의 이야기는 초시간적이다. 커플이 헤어졌을 때, 한 쪽이 다른 쪽에게 상처를 주고자 하는 욕망이 지나치면 그들은 가장 소중히 여기던 것을 파괴하게 된다. 이 경우는 그들의 아이들이었던 것이다. 무엇이 그러한 행동으로 몰아가는가? 과거 메데이아가 남편에게 의미를 두었던 모든 것이 이제 더 이상 아니라는 의미인가? 그가 자신 대신 젊은 여성을 취해서? 한때 메데이아는 이아손의 뮤즈로 그를 유혹했고 사로잡았었다. 이제 그녀는 늙고 더 이상 풍요롭지 않기에 그는 그녀를 버린다. 이제 그의 계획과 야망에 그녀의 몫은 없다. 그는 그녀를 피하고 그녀의 삶의 목적을 없애버렸다. 그녀는 한계에 도달했다. 그녀는 아이들을 포기하는 것을 거부했고, 가장 극단적인 행동을 저지를 준비가 되어 있다. 그녀는 그에게 상처주기를 원하는 걸까, 그의 배신에 대해 복수를 하려는 걸까, 혹은 그녀의 헌신을 선언하는 것일까? 그녀가 미친 것일 수도 있다. 그녀는 먼 과거 희미하게 언젠가 한번 거부를 당한 경험을 지금 다시 겪고 있는 상황에서 이제 힘이 생긴 상황이다.[6]

---

6   ITA, *Simon Stone, Home Page*, https://buly.kr/A3zo4WG. (2021년 9월 2일).

예르마는 현재에도 존재한다. 그녀는 동시대 런던에 존재하고 있다. 난 교육을 받고 개방적이며 여성주의적인 관점을 갖고 있으나 아이를 낳아야 한다는 것으로 스스로를 규정해보지 않는 여자를 본다. 그녀는 자신이 또 하나의 예르마일 수 있다는 가능성을 생각조차 해보지 않았지만 그 일은 갑자기 일어날 수 있다. 그 경우를 난 친구들에게서 목격했다. 나 역시 그 문제 때문에 헤어진 적이 있다. 아주 깊은 곳에서 자신이 누구인지에 관해 모든 것에 의문을 품고 있다가 20세기 스페인 남부에 가게 되는 것이다. 갑자기 당신 주변 모두가 애를 갖고 있다는 것을 발견한다. 애들이 사방에 있고, 모든 동물들에게도 새끼들이 있다. 계절이 바뀌고 사방이 풍요롭다. … 생물학적인 드라마는 언제나 같다. 우리 모두는 동물인 것이다. 이제야 그것을 깨닫는 것이 정말 충격적이다.[7]

스톤이 주장하듯이 동물로서 인간의 상황은 누군가 말하기 전 이미 삶에 내재해 있다. 그 상황이 소위 극적으로 도드라지는 순간 삶과 연극은 혼재한다. 그 상황을 포착하여 상상력으로 발전시킬 때 연극이라는 매체가 필요한 것이다. 즉 연극은 삶에 대한 일종의 메타포에 해당한다. 메타포가 껴안고 가리고 있는 삶의 본질을 찾아내는 것이 '덧대어 쓰기'를 위한 핵심인 셈이다. 이 점에서 그의 극작술은 고전을 해석하는 것이 아니라 현대의 상황으로 다시 쓰는 데 있다고 할 수 있다. 이러한 작업은 고전에서 핵심적인 아이디어를 찾아내는 것과 동시에 대위

---

7 Sarah Hemming, "Interview: theatre director Simon Stone", *Financial Times*, https://buly.kr/2JiSua5. 2016/7/15.(2020년 7월 21일 접속.)

적인 동시대의 상황을 탐색하여 이를 통해 삶의 본질을 포착하고 이를
관객과 소통하고자 하는 것으로부터 출발한다. 원작에서 찾아낸 삶의
문제가 지금의 현실로 확인되는 순간 그는 극작의 명분을 확보한다.

3. 극작술 소개

3.1. 〈예르마〉

■ 로르카의 〈예르마〉[8]

전체 줄거리

〈예르마〉는 20세기 초 스페인 농촌 사회의 도덕적 관습을 배경으로
아기를 사이에 두고 전혀 다른 생각과 가치를 지닌 예르마와 후안이
빚는 성격 비극이자 운명비극의 요소를 지닌다. 희곡은 당대 사회를
배경으로 여성과 남성의 젠더 문제, 소외와 열정, 사랑과 결혼, 관습의
문제를 제기한다. 로르카는 예르마를 메데이아나 클라이템네스트라
와 같은 그리스 비극의 여주인공처럼 타협을 모르며 아기에 집착하는
거대한 열정을 지닌 인물로 그리고 있다. 그 갈망과 집착으로 인해 그
녀는 자신은 물론 남편 후안을 비극적 파탄으로 몰아넣는다. 동네 여

---

8   페데리코 가르시아 로르카, 『예르마』, 안영옥 역, 지식을만드는지식, 2011. 이
    하 로르카의 원문은 이 책에서 쪽수 표시 없이 한다.

자들은 그리스 비극의 코러스의 역할에 해당하며 때로는 등장인물로 때로는 메신저로 기능한다. 로르카가 "비극시"라고 표현한 것처럼 언어는 노래와 함께 운율을 띠며 압축적이고 상징적이다.

구조

로르카의 희곡은 3막 6장으로 이루어져 있다. 플롯은 극적 사건을 중심으로 진행되기보다는 예르마라는 여성 주인공이 아기에 집착하는 과정을 시간의 경과에 따라 보여주며, 결국 아기를 갖지 못할 거라는 걸 깨닫는 순간 남편 후안을 목 졸라 죽이는 비극적 결말로 끝난다. 비극의 원인인 예르마의 불임은 당대의 사회적 관습에 구속된 여주인공에게 심리적이고 신체적인 차원을 넘어 사회 안에서 온당하게 자신을 주장할 수 없는 이유가 된다. 동시에 예르마의 자유롭고 열정적인 성격과 아기에 대한 절망적인 집착은 남편 후안의 아내에 대한 억압과 매정하고 돈에만 집착하는 성향과 갈등을 이룬다.

이전 상황: 스페인의 전형적인 시골에서 성장한 예르마는 자연 속에서 자유롭게 성장한다. 그녀는 동네 총각 목동 빅터를 좋아했지만, 부모의 강요로 후안과 결혼한다.

1막: 극은 예르마가 결혼한 지 2년 20일이 지나도록 아기를 갖지 못한 상황에서 시작한다. 친구 마리아가 등장하여 결혼 5개월 만에 임신

했다고 알린다. 예르마는 마리아를 위해 아기의 기저귀를 만든다.

2막 : 1막으로부터 3년이 지난 시점, 빨래터의 동네 여자들은 예르마가 아기를 못 낳고 외간 남자를 탐한다고 입방아 찧는다. 예르마를 지키기 위해 후안은 자신의 누이 둘을 집으로 불러들인다. 시누이들의 감시에도 예르마는 집 밖으로 나가 다닌다. 아기가 없는 집은 그녀에게 감옥과 같다. 후안이 양을 사들이자 빅터는 마을을 떠난다. 예르마는 식구 몰래 마을 노파 돌로레스에게 간다.

3막 : 돌로레스와 익명의 노파는 예르마를 위해 무덤가에서 밤새 기도를 한다. 이후 또다시 집을 빠져나온 예르마는 산속으로 순례길을 떠난다. 그곳에서 노파는 예르마에게 자신의 아들과 도망가서 자식을 낳고 살라고 말하지만, 예르마는 명예를 지키겠다고 거절하고 돌아온다. 후안이 아기를 포기하라고 말하자 그녀는 그를 목 졸라 죽이고 사람들에게 자신이 "아들을 죽였다"고 말한다.

■ 스톤의 〈예르마〉[9]
'덧대어 쓰기'
스톤은 로르카의 희곡을 이전에 읽었지만 거의 의식하지 못하는 상

---

9 Simon Stone, *Yerma*, London : Methuen Drama, 2021. 이하 〈예르마〉의 원문은 쪽수 표시 없이 이 책에서 인용한다. 번역은 필자의 몫이다.

황이었다. 데이비드 랜이 〈예르마〉를 추천하면서 그는 희곡의 내용 뿐 아니라 자신이 실제 겪었던 유사한 경험을 상기한다. 과거와 현재, 허구와 실재가 연계되면서 상상력이 폭발하자 그는 이메일로 랜에 게 〈예르마〉와 관련된 자신의 아이디어를 설명한다. 그의 전작들처럼 〈예르마〉 역시 희곡이 준비되지 않은 상황에서 아이디어만을 가지고 제작이 시작되었고 캐스팅이 이루어졌으며 이후 리허설과 극작이 동 시에 전개되었다.

먼저 스톤은 로르카의 희곡에 등장했던 30여 명의 인물 가운데 이 야기를 꾸릴 수 있는 원형적인 인물로 여자 네 명(허, 마리아, 헬렌, 데스) 과 남자 두 명(존, 빅터)을 추려내었다. 예르마는 허(Her)로 후안은 존 (John)으로 명명하였고, 빅터는 허가 편집장으로 일하는 잡지사의 동 료 직원으로 그리고 마리아는 허의 동생으로 정했다. 원작의 노파 역 은 어머니 헬렌으로 그리고 동네 여성들은 잡지사의 직원 데스(Des) 로 정했다. 이후 스톤은 역할을 맡은 배우들과 마주 앉아 주제에 대해 논의하며 주변에서 일어나는 이야기를 나누며 인물 구축을 시작하였 다.[10] 허(Her) 역의 파이퍼(Billie Piper)는 그렇게 배우들과 대화를 하고 나 서는 며칠 사라졌다가 몇 장의 대본을 갖고 나타나던 스톤의 방식에

10 Billie Piper, "Adapting and Rehearsing Yerma", https://www.youtube.com/ watch?v=WNoh8Cpa3bM, 2020.7.7. 파이퍼는 이 공연의 허 역할로 로렌스 올 리비에 최고 여자 연기상과 '이브닝 스탠다드' 최고 여자 연기상을 수상했다.

낯설고 조바심이 났지만, 그를 절대적으로 신뢰하였으며 모종의 치유와 같은 느낌과 함께 창작 과정에 참여했다는 성취감에 만족해했다. 배우는 주어진 대사를 표현하는 것에 그치지 않고 그 구성 과정에 참여하여 인물의 상황을 인식하고 표현의 밀도를 높일 수 있었다. 이렇게 스톤의 '덧대어 쓰기'는 원작과의 상호텍스트적 관계뿐 아니라 현재의 경험들, 그리고 배우 개인의 의견과 반응 역시도 텍스트로 수용하면서 여러 단계의 '덧대어 쓰기'의 실천을 동시에 진행함으로써 극작의 경계를 확장시키게 된 것이다. 인물들의 면모가 더욱 심층적이고 복합적이며 흥미롭게 탐색될 수 있었고 창작의 과정이 배우들과 공유됨으로써 배우는 주체적인 관점을 취하게 되었다. 스톤의 공연에서 배우의 연기로부터 확인되는 현존의 생동감은 배우의 연기가 리허설 과정에서 정해져 완성되지 않은 채 인물의 상황을 성찰하면서 그 표현 방식을 공연마다 새롭게 탐색하고 개발하여 성취한 것이기도 하다. 과거의 이야기가 현재 이야기로 그리고 순간의 지각적 체험으로 공유되는 것이다.

〈예르마〉에서 스톤은 전작들과 달리 90년대 이후 새로운 글쓰기의 물꼬를 튼 '도발적 연극(In-Yer-Face theatre)'의 특징을 뚜렷하게 보여주고 있다. 즉, 원작의 정제된 시적인 언어와 비교하여 스톤은 비속어를 포함해 매우 일상적인 구어를 선택하고 때로는 과도할 정도의 외설적인 표현마저 서슴지 않는다. 스타카토식으로 빠르게 오가는 짧은 대화, 숨을 쉬지 않고 한 호흡 속에 쏟아내는 말의 파편들, 감정이 앞서면서 생기는 도치된 문장과 문법이 뭉개진 말의 조각들, 관계의 익숙함에 의해 혹은 상황을 공유함으로써 생략된 단어들, 악을 쓰듯 질러낸 큰 활자의 단어들이 긴장을 고조시키는 요소이다. 이 밖에 허와 존의 극히 개인적이고 은밀한 대화가 극장 무대라는 공적 공간에서 적나라하게 오감으로써 관객은 두 인물의 관계에 대해 관음증적 시선을 갖게 된다. 이와 같이 희곡은 리허설과 극작을 동시에 진행하면서 그 구성 과정을 증명하듯이 언어 속에 신체적인 요소를 내장하며 수행성을 강화한다.

구조

로르카의 〈예르마〉를 '덧대어 쓰기'로 재창작한 희곡이 어떤 방식으로 동시대적인 삶을 포착하고 있는지를 살펴보자.

이전 상황: 존과 허는 2년 차 커플이다. 허와 존은 직장 때문에 그리고 경제적인 이유로 철저하게 피임을 했다. 허는 현재 잡지사 *Life Style and Culture* 편집장이고, 존은 회사를 운영하면서 빈번하게 해외로 장기 출장을 간다.

1막: 허는 33세이고 존은 40대 초반이다. 극은 두 부부가 큰 집으로 이사 가는 시점에서 시작한다. 여유가 생긴 허는 아기를 갖기를 원한다. 허의 동생 메리는 임신 두 달째이다. 10년 전 허의 남자 친구이던 빅터가 허의 잡지사에 취직이 되어 나타난다. 허는 블로그의 주제를 정치로부터 성과 관련된 개인사로 바꾸면서 인기 있는 블로거가 된다. 불임 기간이 길어지면서 허의 아기에 대한 욕망도 강해진다.

2막 : 오랜 동거 끝에 존과 허는 집에서 결혼식을 올렸다. 허는 정원을 꾸밀 희망에 부풀어 있다. 허는 메리의 두 번째 임신이 유산하자 안도했고 존이 성적으로 무능하다는 개인사를 올리면서 블로그 구독이 치솟지만 가족 간의 갈등이 생긴다. 허는 존에게 그가 산부인과 검사를 받으면 블로그에 사생활을 쓰지 않겠다고 약속한다. 빅터와의 만남이 반복되고 허가 23세 때 그의 아기를 중절했던 것이 암시된다. 아기에 대한 스트레스로 허는 자해하기 시작한다. 빅터가 홍콩 잡지사의 편집장으로 떠나고, 존은 열두 번의 체외 수정의 비용 때문에 파산한다. 존은 허에게 아기를 포기하자고 애원하지만 그녀는 집착을 버리지 않는다.

3막 : 허는 가출하여 길거리에서 비정상적인 상태로 낯선 남자를 쫓아다니고 성관계를 요구하고 그들을 존이나 빅터라고 부른다. 허가 해고된 것이 가족에게 알려진다. 데스가 허를 달래 집으로 데리고 온다. 집에 돌아온 허에게 존은 이혼을 결정했음을 알리고 집이 팔렸다고 말한다. 존은 뉴욕으로 갈 거라고 말하고 허에게 안녕을 고한다. 허는 존에게 그가 자신을 사랑하긴 했으나 아기에 대해서는 방관자였다고 원망한다. 존은 허에게 아기가 불가능한 소망임을 알면서도 집착하여 둘의 관계를 파괴했다고 비난한다.

■ 〈예르마〉의 〈예르마〉 '덧대어 쓰기'

영 빅의 랜이 스톤에게 〈예르마〉를 제안했을 때 스톤은 자신이 겪었던 개인적인 경험을 상기했다고 말한 바 있다. 그 구체적인 내용에 대한 언급은 없지만, 두 희곡을 비교해 볼 때 그의 '덧대어 쓰기' 극작술로 탄생한 〈예르마〉는 그의 표현대로 로르카의 〈예르마〉에 대한 카르마적 연계 속에서 동시대 개인의 비극을 담아내고 있다. 두 작품의 비교를 통해 그의 극작술을 살펴보자.

로르카의 〈예르마〉

배경 : 19세기 스페인의 농촌 공동체 마을, 예르마는 빅터를 마음에 두었지만 부모의 강요로 후안과 결혼.

주요 행위 : 예르마의 불임과 임신을 위한 노력, 예르마는 노파들을 통해 임신 관련 지식과 경험을 얻으려고 함.

갈등 : 후안은 예르마가 집에 있기를 바라지만 예르마는 집을 감옥처럼 여김, 예르마는 후안이 집에서 자신과 시간을 보내기를 원하지만 후안은 바깥일에 매진하며 돈에 집착, 자유로운 예르마와 보수적인 동네 여자들의 가치관의 갈등.

사건 : 빅터의 떠남, 자신의 아들과 함께 떠나라는 노파의 제안을 예

르마가 거부함.

파국 : 예르마가 후안을 교살함.

스타일 : 그리스 비극을 연상시키는 제의적 구성과 시극 양식, 마을 사람들이 코러스처럼 기능.

스톤의 〈예르마〉

배경 : 21세기 영국 런던, 허는 빅터와 깊이 사귀었지만 (아마도 경제적인 여건으로 인해) 헤어짐.

주요 행위 : 중산층으로의 진입을 상징하는 이사, 허의 불임과 임신을 위한 노력, 허와 존은 체외 수정을 시도함.

갈등 : 존은 해외 출장이 잦아 허의 임신을 위한 치료에 협조하기 힘듦, 허는 잡지사 편집장이며 개인사를 블로그에 올림, 그로 인해 허는 가족들과 불화하고 이후 부정적인 댓글을 경험함.

사건 : 빅터와의 이별과 허의 가출.

파국 : 존의 파산과 부부의 이혼.

스타일 : 구어적인 언어와 파편적인 장면 구성.

작품의 의의

스톤의 '덧대어 쓰기'는 로르카의 아이디어에 집중하고 있다. 즉, 제목이자 주인공의 이름 예르마가 뜻하는 '황폐한' 의미처럼 결혼한 여자가 아기를 갖지 못해 갖게 된 소외와 집착, 그리고 이로 인한 파멸이 스톤이 확인한 '예르마들'의 딜레마이다.

원작에 대한 선명한 이해가 전제된 상황에서 스톤은 예르마의 문제에 동시대적 사회·문화 풍경을 덧댄다. 19세기 농촌 시골 마을에 살고 있는 예르마는 자연을 통해 해방감을 느꼈지만 21세기의 허는 잡지사 편집장으로 블로그를 통해 활발하게 여성성에 대한 경험을 사람들과 소통한다. 같은 맥락에서 아기에 대한 허의 집착은 19세기 사회가 강요한 자아의 문제와는 다른 엄마 헬렌에게서 받지 못한 모성애의 결핍에 따른 강박증적인 성취욕과 관련된다. 때문에 결말에서 로르카의 〈예르마〉가 여성 억압의 문제를 제기하는 것에 반해, 스톤의 〈에르마〉의 마지막 긴 대사는 존의 입을 통해 예르마를 비난하는 남성 중심의 관점을 지닌다.

존   난 당신을 원했어.

허   나를.

존   당신. 당신이 행복해지게. 내 것이 되게. 난 당신을 원했어.

(그녀는 웃는다.)

존   그래 당신은 알려지지 않은 존재하지도 않는 빌어먹을 아이를 우리 사이에 끼어들게 했고 우리를 죽였어 당신은 그것을 새로운 프로젝트처럼 사랑했지 왜냐면 당신은 무엇이든지 성취했는데 신이 허락하지 않자 당신은 그것을 얻을 수 없었는데도 욕망을 따랐고 증오가 우리 사이에서 곪아 터지기 시작했어 나에 대

한 증오 나의 증오 당신 자신의 증오가 당신이 키운 유일한 것이
야 그것이 이 불가능한 꿈이었지 우린 그것을 일찍이 알았어 사
라져버린 빌어먹을 이미 죽어버린 걸 빌어먹을 이미 끝장난 것
을 보지 않으면서 당신은 포기하기를 기다리던 나를 보지 않았
고 아무 조건 없이 다시 돌아오기만을 기다리고 기다리던 내게
증오가 내 안에서 자라기 시작했고 종양이 되어 계속 커지면서
난 테스트가 부적합이라고 나오기를 바랬지 당신의 자궁에 대
해 죽어 있기를 이런 목적에는 그 목적에 대해서는 오염되어 채
취하지 못하게 되기를 그럼 당신이 깨닫고 내게 다시 올 수 있겠
기에 그럼 어쩜 우린.

'덧대어 쓰기'를 극작술의 한 방식으로 간주할 때 그 유용함은 창작
의 편리함보다는 고전이 지닌 텍스트의 심오한 의미를 동시대적 상황
에서 관객과 소통할 수 있다는 점에서 찾을 수 있다. 스톤은 거듭 자신
이 연극을 하는 이유가 아이디어의 소통에 있다고 말하며 고전 희곡에
서 발견할 수 있는 인물의 딜레마는 인간의 한계이자 그 조건에서 연
유한 것이기에 동시대 개인에게 반복되고 있다고 주장하곤 한다. 이것
이 〈예르마〉를 통해 확인할 수 있는 그의 '덧대어 쓰기'의 전략이자 토
대이다.

3.2. 〈메데이아〉

메데이아는 호메로스의 『일리아드』와 『오딧세이』, 헤시오도스의 『신

통기』 등에 등장하는 신화적 인물이다. 당대의 신화는 예술의 소재로 노래와 시, 그림, 연극으로 그리고 종래에는 공연을 본 누군가에 의해 벽화나 도기의 그림으로 부활하며 당대 사회의 가치관을 공고히 하며 전승시키는 토대가 되었다. 메데이아를 통해 유통되고 있는 당대의 가치관은 무엇인가? 일설에 따르면 메데이아는 고대 그리스 시대의 식민지 권력의 갈등을 배경으로 한다. 즉, 메데이아의 아버지는 원래 코린토스의 왕이었으나 왕위를 다른 사람에게 물려주고 콜키스로 갔다. 코린토스의 왕의 대가 끊기자 코린토스 사람들이 메데이아를 왕위에 추대하고자 한다. 그러나 이아손이 코린토스 왕의 딸과 결혼하고자 메데아를 배신하자 그녀는 분노로 왕과 그의 딸을 살해한다. 이에 대한 복수로 코린토스 사람들이 메데이아의 자식을 살해하자, 메데이아는 이들을 피해 아테네로 도망간다.

■ 에우리피데스의 〈메데이아〉[11]

줄거리

에우리피데스가 신화로부터 벗어나 자신만의 상상력을 발휘한 부분은 메데이아가 자식을 살해하는 부분이다. 메데이아의 자식 살해는 신화와는 다른 에우리피데스의 글쓰기를 통해 만들어진 새로운 내용

---

11 에우리피데스, 『메데이아』, 김종환 역, 지식을만드는지식, 2011년. 이하 원문 인용은 이 책에서 하며 쪽수를 표기하지 않고 한다.

이다. 작가는 기원전 431년부터 401년까지 아테네와 스파르타 사이의 30여 년간 지속된 펠레폰네소스 전쟁 시기에 인간의 폭력성과 잔혹성을 메데이아를 통해 표현하였다고 여겨진다. 작가의 의도가 어디에 있는지는 분명하지 않지만, 그는 메데이아라는 비극의 플롯을 주도하는 강력한 여성 주인공을 창조하였다. 작가는 그녀를 파탄적인 인물로 설정한 한편으로 코러스와 함께 곳곳에서 당대 여성이 감내해야 했던 불평등과 삶의 고단함을 언급한다. 특히 작가는 메데이아와 이아손 간의 논쟁을 통해 젠더 갈등의 담론을 구성하고서 한편으로는 메데이아를 자식을 살해한 희대의 악녀로 표현하면서도 동시에 그녀의 행동에 대한 분명한 동기와 정당성을 제시하고 있다. 한동안 이 희곡은 메데이아의 악녀로서의 측면을 조명하고 복수, 특히 자식 살해의 행위가 정당한가에 대한 논의를 중심으로 해석되었었다. 그러나 여성주의 관점으로 재해석되면서 희곡은 메데이아의 인물 구성에 내재된 남성 중심의 사고를 들춰내고 비판하고 그 맥락을 강조하면서 재해석과 다시 쓰기의 주요 대상이 된다.

구조

에우리피데스의 희곡은 다섯 개의 에피소드와 각 에피소드에 따른 코러스의 대화(송가와 답송)로 이루어져 있다. 플롯은 메데이아와 이아손이 관련된 일련의 사건을 프롤로그에 등장하는 서막의 유모를 통해 압축적으로 전하며 시작된다. 이후 본극의 플롯은 메데이아가 계략을 세워 복수를 하고 끝내 자식을 살해하는 과정을 하루 동안의 시점에서 밀도 높게 전개한다.

서막: 유모가 등장하여 메데이아가 이아손과 함께 코린토스에서 살게 된 이전 상황을 전하면서 이들의 만남이 없었어야 한다고 한탄한다. 이아손이 "자식과 마님을 배신"하였기에 "사랑이 증오로 변했고, 애정은 사라져버려" 메데이아가 분노와 고통 속에 있기 때문이다. 메데이아의 신음 소리가 집 밖으로 새어나오는 가운데 등장한 가정교사가 유모에게 크레온이 메데이아와 아이들을 추방한다는 소문이 있다고 전한다. 유모는 메데이아가 그처럼 억울한 일을 당한다면 참지 않을 거라고 말하며 그녀가 아이들을 보는 눈길이 불길하니 아이들을 메데이아의 눈에 띄지 않게 하라고 가정교사에게 주의를 준다.

첫째 에피소드: 메데이아는 코러스인 코린토스의 여인들에게 자신의 비참한 신세를 한탄하며 자신의 복수를 위해 계략을 꾸미더라도 비밀로 해줄 것을 부탁한다. 이때 크레온이 등장하여 메데이아에게 추방 명령을 내린다. 메데이아는 그에게 하루만 말미를 달라고 애원한다. 크레온이 퇴장한 후 메데이아는 복수를 위한 계략이 준비되었다고 코러스에게 자신한다. 코러스와 메데이아는 당대 여성의 불평등한 삶에 대해 서로를 동정한다.

둘째 에피소드 : 이아손이 메데이아를 찾아와 두 사람의 설전이 펼쳐진다. 이아손은 메데이아가 왕가를 비난함으로써 추방을 자초했다고 핑계를 대고 자신이 왕의 딸과 결혼하면 두 아들이 "왕가의 아이들과 가족이 되어 신분을 보장"받게 된다고 주장한다. 이에 대해 메데이아는 "거짓으로 나쁜 짓을 감추려" 한다고 비난하며 그의 모든 도움을 거절한다.

셋째 에피소드 : 아테네의 아이게우스가 등장한다. 메데이아는 그에게 자신의 상황을 호소하고 그에게 피난처를 제공해달라고 간청한다. 아이게우스가 떠나자 메데이아는 코러스들에게 이아손을 위해 했던 과거 행위를 후회하고 한탄하며, "아이들 손에 들려 보낸 비단 옷과 금관"을 공주가 걸치기만 하면, "고통 속에 몸부림치다가 죽을 것"이라고 말한다. 그리고 나서 "자식을 자신의 손으로 죽여야" 한다고 결심을 말한다. 이를 들은 코러스의 만류와 걱정이 이어진다.

넷째 에피소드 : 메데이아는 이아손을 불러들여 그의 "말을 받아들"이고 "포기하고 인정"하며 추방 명령을 따르겠다고 하면서, "자식들만은 추방을 면하고" 이아손이 "키울 수 있도록 크레온에게 간청해"보라고 부탁한다. 그리고 공주를 설득하기 위해 아이들을 통해 "비단 옷과 황금관을 바치겠다"고 말한다. 이제 코러스들은 파국적인 결말을 예상하며 "저주받은 아버지"와 "아이들의 불쌍한 어머니"에 대해 연민의

노래를 부른다.

다섯째 에피소드 : 심부름을 마치고 온 아이들을 보자 메데이아는 갈등한다. 그러다가 아이들이 조롱받으며 살 것이라는 생각에 미치자 죽여야 한다고 결심한다. 그녀는 아이들을 품에 안으며 애달파하다가 다시 "압도하는 분노, 분노로 이성이 마비되고" 만다. 이때 사자가 등장하여 크레온과 공주의 죽음을 알리면서 메데이아에게 빨리 피하라고 말한다. 메데이아는 결심을 실행하고자 칼을 들고 집 안으로 들어간다. 코러스들이 그녀를 만류하게 해달라고 기도를 하는 가운데, 엄마의 칼을 피해보려는 아이들의 목소리가 들린다.

종막 : 이아손이 아이들도 살해당할 거라는 두려움으로 뛰어 들어오지만 코러스장으로부터 이미 살해되었다는 말을 듣는다. 이아손은 메데이아에게 저주를 퍼붓고 메데이아는 아내와 아이들을 두고 "새 혼인의 침상"으로 가는 것이 여자에겐 감내할 수 없는 큰 고통이라고 부르짖는다. 그녀는 "원인의 제공자"가 이아손임을 강조하며 "늙어 죽을 때까지 고통 받을 거"라고 저주하면서 죽은 아이들을 헤라의 신전에 묻기 위해 헬리오스가 보내준 마차에 태워 퇴장한다. 코러스가 "인간이 생각도 못한 일을 신의 뜻으로 이루었다"고 노래하며 극은 끝난다.

■ 〈메데이아〉의 〈메데이아〉 '덧대어 쓰기'

스톤이 쓰고 연출한 〈메데이아〉는 ITA의 전신 토닐그룹 암스테르담과 협업한 첫 작품이다. 스톤은 2013년 벨보아 극단의 이름으로 〈야생 오리〉를 가지고 '홀랜드 페스티벌'에 참석하면서 반 호프와 조우한 바 있다. 2년 뒤 반 호프는 스톤을 ITA로 초빙하면서 그에게 여성 인물을 주인공으로 하는 작품을 제작할 것을 제안한다. 그들 사이에 〈메데이아〉의 소재가 합의된 셈이다. 여기서 스톤은 인간으로서 나아가 어미로서 자신의 자식을 살해하다니, "어떻게 이런 일을 저지를 수 있을까" 하는 일반적인 의문 대신에 "자식을 죽인다는 생각할 수조차 없는 일을 생각해볼 수 있는 문제"로 제기하고자 한다.[12]

그는 여전히 반복되고 있는 〈메데이아〉의 동시대적 사례를 찾기 위해 범죄 관련 서적을 읽기 시작한다. 그리고 책 속에서 1995년에 있었던 '데보라 그린(Debora Green) 사건'의 사례를 발견한다. 스톤은 그린이 남편 파라(Michael Farrar)의 음독을 여러 차례 시도하고, 집에 불을 질러 두 아이를 살해했다는 사실에 관심을 갖는다. 그가 흥미를 느낀 점은 그린이 어린 시절부터 뛰어난 지적 능력을 가진 촉망받는 재원이었으며, 의사로 근무하던 트루먼 메디컬 센터에서 당시 평범한 학생이던 파라를 만났다는 사실이다. 기록은 그린이 놀랄 정도로 지적이며 생동

---

12   Alexis Soloski, "Simon Stone Faced the Unthinkable. He Thinks You Should Too", *New York Times*, https://buly.kr/Ezd1Xkm.(2020/1/1. 2021년 8월 9일 접속.)

감 있었던 반면 파라는 침착하고 의지할 수 있다는 점에서 서로가 서로에게 매료되어 이들의 인연이 시작되었다고 전하고 있다. 그러나 결혼 이후 세 아이의 엄마가 되면서 그린의 경력은 흔들리고 대신 남편은 그린의 지원을 받아 승승장구하게 된다. 셋째 아이를 낳고 나자 그린은 가정주부이자 헌신적인 엄마로서 삶에 정착하지만, 남편에게 병적으로 집착하는 여자로 변한다. 감정을 조절하지 못하고 쉽게 분노하던 그린의 성격은 그 같은 상황에서 더욱 악화되고 우울증에 시달리게 된다. 설상가상으로 남편에게 다른 연인이 생기면서 그린은 점차 알코올중독에 빠지고 마침내 살던 집에 고의로 불을 내 두 아이의 죽음을 초래한다.[13]

스톤이 포착한 그린의 딜레마는 화려한 경력을 희생하여 일궈낸 가정과 그녀의 자아가 남편의 외도와 이혼 요구로 부정당했다는 것에 있다. 그녀의 자식 살해는 남편뿐 아니라 자신에 대한 복수였던 셈이다. 이제 스톤은 〈메데이아〉에 그린의 이야기를 덧댄다. 여섯 명의 배우가 리허설에 참여했고 스톤이 장면을 완성할 때마다 리허설이 전개되었다. 메데이아에 해당하는 안나에게는 그린이, 그리고 이아손인 루카스에는 파라가 덧대어진다. 전면이 하얀 무대는 병원의 분위기를 연출하는 한편으로 무대를 모종의 인간성에 대한 실험실로 환기한다.

---

13 Murderpedia, "Deborah J. Green", https://buly.kr/EdnbhpI. 2022년 4월 30일,

에우리피데스의 〈메데이아〉

배경 : 신화의 내용을 배경으로 하며, 코린토스에서 이아손과 메데이아가 가정을 이루어 살고 있다. 그러나 이아손은 그곳의 공주와 결혼하고자 메데이아를 배신한다.

주요 행위 : 이아손이 코린토스의 공주와 결혼하려고 한다.

갈등 : 이아손은 메데이아가 추방되는 것이 그녀가 왕족에 대해 비난을 퍼부었기 때문이라고 주장한다. 메데이아는 자신을 배신한 것에 대해 복수를 계획한다.

사건 : 이아손과 공주가 결혼을 앞두고 있다. 크레온(코린토스의 왕)이 메데이아와 아이들에게 추방 명령을 내린다.

파국 : 메데이아가 아이들을 시켜 독 묻은 옷과 왕관으로 글라우케(코린토스의 공주)와 크레온을 살해한다. 이후 그녀는 아이들마저 살해한다.

스타일 : 강렬한 동기를 지닌 주인공 메데이아를 중심으로 이아손과 메데이아 사이의 갈등이 첨예하다. 이는 밀도 높은 구조와 강력한 파국의 효과를 낳음으로써 강렬한 카타르시스를 불러일으킨다.

스톤의 〈메데이아〉[14]

배경 : 플롯이 전개되며 안나와 루카스의 과거가 인물들의 대사에

---

14 이하 스톤의 〈메데이아〉에서 원문 인용은 ITA의 도움으로 공연에 사용된 대본과 공연 영상에서 출처 표시 없이 하겠다. 번역은 필자의 몫이다. 특히 공연 대본과 영상을 볼 수 있도록 허락해준 ITA와 Marlene Kenens에게 감사를 표한다.

파편적으로 섞여 알려진다. 안나는 자신의 연구실 조교였던 루카스와 결혼하여 아이를 낳고 평범하게 살았다. 루카스가 연구소 소장의 딸인 클라라와 사귀면서 그녀를 배신하자 그녀는 복수로 루카스에게 독성이 강한 피마자 씨앗을 먹인다. 경찰에게 발각되자 루카스는 그녀를 감옥이 아닌 정신병원에 입원시켰다.

주요 행위: 안나는 재결합을 희망하지만, 루카스는 이혼을 요구한다.

갈등: 안나는 루카스와 재결합하고자 하지만 루카스는 클라라와의 관계를 내세워 거부한다.

사건: 에드거(안나의 아들)가 루카스가 안나와 침실에서 옷을 벗고 있는 모습을 비디오로 찍어 클라라에게 보여준다. 연구소장 크리스토퍼가 중국에 연구소를 설립하여 루카스의 가족을 그곳으로 파견한다.

파국: 안나가 크리스토퍼와 클라라를 칼로 찔러 살해한다. 이후 집에 불을 질러 아이들과 함께 죽는다.

스타일: 파편적인 장면들을 통해 긴장이 축적되다가 파국의 장면에서 폭발하듯이 고조된다. 전반의 흐름은 영화나 텔레비전 드라마와 같은 특성을 지니나 파국 장면에서부터 비극적인 긴장감이 상승된다. 대사가 구어적인 한편으로 〈소프라노〉라는 드라마나 아이패드 등의 동시대의 문화적 기호가 개입되어 공연과 관객 사이를 연계한다.

구조

배우들과 리허설 과정 속에서 발전시키고 완성한 스톤의 〈메데이아〉의 공연 대본을 살펴보자. 스톤의 〈메데이아〉는 열아홉 개의 파편적인 장면으로 구성되어 있다.

이전 상황: 안나는 지난 몇 년 동안 분노 조절 장애로 정신병원에 입원하여 치료를 받아왔다. 루카스가 클라라와 사귄 것이 이들 부부의 갈등의 원인이 된다. 현재 커플은 동거하고 있다.

1장: 안나가 병원에서 퇴원하고 루카스가 그녀를 맞는다. 안나는 루카스의 외면에도 불구하고 그를 다시 찾겠다고 말하고, 그날 가족과 함께 축하하자고 조른다.

2장: 루카스와 안나, 아이들이 안나의 퇴원을 축하하며 함께 모여 즐거운 시간을 보낸다. 어느새 안나가 술을 마시기 시작하고 루카스가 알아챈다. 아이들이 안나의 술병을 가로채 이를 저지하는 루카스에게 돌려주지 않는다.

3장: 클라라가 루카스에게 안나를 멀리하라고 하지만, 루카스는 그녀가 가족을 위해 희생을 했고 자신이 책임져야 한다고 말한다.

4장: 안나는 전에 일하던 연구소에 몰래 들어갔으나 연구소장 크리스토퍼에게 발각된다. 그녀는 어떤 일이라도 달라고 그에게 간청을 하지만 거부당한다. 안나는 그의 어린 딸(클라라)과의 관계가 어색하지 않을 거라고 그를 설득한다.

5장 : 안나는 사회 적응 프로그램에 따라 중고 서점에서 일하고 있다.

6장 : 복지사 메리-루이즈가 방문하여 아이들에게 안나와의 관계에 대해 물어보며 상황을 살피고 있다. 아이들은 텔레비전 수사물 시리즈 〈소프라노〉에 대해 자랑 삼아 이야기한다. 무심결에 엄마가 몸을 더 이상 씻지 않는다고 하면서 다시 병원에 갇힐 것을 염려한다.

7장 : 안나는 허버트에게 자신이 루카스에게 저질렀던 일을 이야기한다. 그녀는 피마자 씨앗을 갈아 루카스에게 먹였고 밤새 복통을 일으키자 루카스는 침대에서 머물러 예전처럼 가족과 함께 시간을 보낼 수 있었다고 말한다. 클라라가 안나의 행각을 의심하여 경찰에 신고하고 그일이 들통이 나자 루카스는 감옥 대신 그녀를 정신병원에 입원시켰던 것이 알려진다.

8장 : 아이들 등교 시간에도 안나는 술에 절어 깨어나지 못하고 있다. 아이들은 엄마를 여러 번 깨워보지만 포기하고 루카스를 부른다.

9장과 10장 : 안나와 메리-루이즈의 장면 그리고 루카스와 클라라의 대화 장면이 중복되어 이중으로 전개된다. 안나는 수면제를 잘못 먹어서 문제가 발생했다고 말하지만, 메리-루이즈는 그녀가 술을 먹었을 거라고 의심한다. 안나의 집에 머물고 있는 루카스에게 클라라는 전화로 보고 싶다고 말하면서 아버지로부터 허락을 받아내 점심시간에라도 만나자고 조른다. 클라라의 아버지가 연구소장이라는 것과 이들 커플이 다음 주 피지 여행을 계획하고 있음이 알려진다.

11장 : 클라라와의 관계가 현실적인 이익 때문이라고 몰아가는 안나의 지적에 루카스는 그녀가 자신을 흥분시키는 여인이기 때문이라고 강조한다. 안나는 이혼 서류에 서명하는 조건으로 루카스에게 자신과 침실로 갈 것을 요구한다.

12장 : 안나와 루카스가 옷을 벗은 채 침대에 있는 것을 에드거와 기스가 본다. 에드거는 이 상황을 비디오로 녹화한다.

13장 : 에드거는 녹화된 안나와 루카스의 모습을 클라라에게 보여준다.

14장 : 크리스토퍼는 루카스에게 장래를 위해 일을 망치지 말고 클라라에게 가서 사과하라고 명령한다.

15장 : 클라라가 아이들을 데리러 안나의 집에 방문한다. 두 사람 사이에 비디오 건으로 실랑이가 오간다. 클라라는 루카스가 그녀의 가슴에 얼굴을 묻고 울며 사과했고 이후 그들은 뜨거운 밤을 보냈다고 안나에게 당당하게 말한다.

16장 : 메리−루이즈가 안나를 방문한다. 그녀는 안나가 심하게 다친 것을 본다. 안나는 꽃병을 들고 층계에서 넘어졌다고 말한다.

17장 : 안나는 몽롱한 상태에서 루카스를 예전처럼 대하지만 거부당한다. 루카스는 클라라가 임신했음을 안나에게 밝힌다. 분노한 안나는 과거를 들춘다. 루카스가 그녀의 연구실 조교에 불과했을 때 그녀는 권태로웠고 그가 집착적으로 쫓아다니자 회피하듯이 그와 사귀었다고 말한다. 결혼 이후에는 그가 집으로 갖고 온 일을 그녀가 밤잠을 안자고 해결해주었기에 그가 낙오되지 않고 승진할 수 있었다고 비난한다. 루카스는 안나에게 자신에게 양육권이 있다고 알리고 중국에 새로 설립된 연구소 소장으로 부임하게 되어 아이들과 함께 갈 거라고 말한다.

18장 : 중국으로 떠나기 전날 루카스의 집에서 안나는 크리스토퍼로부터 아이들을 인계받는다. 안나는 현재의 시점에 있으며 동시에 현재의 일을 중계하듯이 전화기에 대고 크리스토퍼에게 이야기한다. 안나는 크리스토퍼와 클라라를 칼로 살해하고 그 모습을 상세하게 루카스에게 묘사한다. 아이들이 안나의 피 묻은 모습을 보고 문제가 생겼다는 것을 알지만 그녀에게 순종하며 안나의 집으로 향한다. 안나는 루카스에게 반복하여 전화를 건다. 루카스가 전화를 받자 그녀는 파국을 피할 수도 있었다고 그를 책망한다. 그녀는 그에게 에드거를 낳았을 때의 고통에 대해 회상한다. 그녀는 애가 생기면서 루카스가 자신을 외면했다고 말한다. 아이들의 안부를 묻는 루카스에게 진정제 탓에 아이들은 깊은 잠에 빠져 있다고 말한다. 그리고 그녀는 모두 예전처럼 함께할 것이라고 말한다.

19장 : 루카스의 부탁으로 안나의 집을 방문한 메리-루이즈는 집이 불타오르고 있는 것을 보고 충격을 받는다. 그녀는 리포터처럼 루카스가 집에서 서로 엉켜 있는 세 명의 시신을 말없이 응시하고 있다고 관객에게 상황을 묘사한다.

작품의 의의

스톤의 〈메데이아〉는 19여 개의 장면들로 나뉘어져 빠른 호흡으로 전개된다. 그린의 사건이 〈메데이아〉의 구조 안에 덧대어져 동시대 서구 문화의 풍경 안에 안착되고 있다. 그리하여 이 텍스트는 결혼이라는 제도로 인해 뛰어난 능력의 여성이 자아를 억압하고 살아야 하는 가부장제의 현실이 2000여 년의 역사 동안 여전히 반복되고 있음을 증언하고 있다. 그 같은 상황에서 자식 살해라는 극단의 사건을 두고 스톤은 다시 한번 메데이아를 대신해 안나에게 자신의 입장을 웅변하도록 허용한다.

루카스   난 당신을 사랑하고 있었어, 안나.

안나   아니 내가 당신을 사랑했던 거지. 그게 내 실수였어.
당신이란 사람과 사랑에 빠진 것. 당신은 내가 필요했어. 나를 밟고 나아가 출세했고, 난 천천히 죽어갔지. 당신은 내가 쌓아올린 일을 빼앗았어.

루카스   당신이 포기한 거야.

안나   당신은 내게 어떤 여지도 주지 않았어. 내가 첫 애를 낳고 돌아왔을 때 당신은 이미 그 빌어먹을 노벨 수상자와 일을 시작했고 거기에 나를 위한 자리는 없었어.

    …..

안나   빌어먹을, 루카스, 우리의 콜라보는 어떻게 된 거지? 우리가 함께 쌓아올린 것은 어떻게 된 거냐고? 내가 당신을 위해 한 그 모든 거? 내가 당신을 만들었어. 당신은 기껏 이류 의사였어. 엉터리 학자, 실험실 직원, 누구나 쓸 수 있는 나부랭이. 내가 당신에게 어떻게 생각해야 하는지를 가르쳤어.

루카스 우리는 한 팀이었어.

안나 그래, 우리는 한 팀이었어. 왜냐면 난 아주 괜찮은 학자였고, 당신은 괜찮은 보조였기 때문이지.

안나와 루카스의 갈등과 파국적 결말은 신화에서나 가능한 자식 살해의 이야기가 여전히 실재 반복되어 일어난 사건이라는 데서 충격적이다. 그 원인이 흔히 볼 수 있는 부부간의 갈등의 원인과 겹쳐지면서 일어날 수도 있는 사건으로 조명된다. 안나의 문제가 경력 단절이라는 현대 사회의 보편적인 상황으로 재현되기 때문이다. 이 극은 메데이아의 딜레마를 그린을 통과하여 안나의 문제로 덧대면서 자식 살해의 분명한 동기를 개인의 문제로부터 사회적 담론의 영역으로 확장한다. 공연에서 그라이다누스 주니어(Aus Greidanus Jr.)가 연기한 루카스에 비해 상대적으로 나이 든 히빙크(Marieke Heebink)가 연기한 안나의 모습은 이들 부부의 갈등에 시들어가는 여성성의 문제를 시각적으로 더하고 있다. 하얀 빈 무대의 공간에서 텍스트의 대사로만 전개되는 공연은 배우의 연기를 통해 오히려 일상성을 걷어내고 문제의 상황을 관객으로 하여금 직시하게 하는 효과를 거둔 바 있다.

4. 나가며

고전은 여타의 작품들에 비해 월등히 높은 수준의 내용과 형식을 성취함으로써 망각 속에 던져지지 않은 채 세월을 버티며 섬겨져왔다. 그리하여 고전은 오랜 세월을 겪어내며 독자와 관객, 사회의 응시 속에 의미를 두텁게 더해왔던 것이다. 그러나 다른 한편으로 고전은 너무 알려져 익숙해졌기 때문에, 혹은 당대의 관객과 소통하기에는 어색한 세월의 흔적 때문에, 또는 이미 변해버린 취향 때문에 박물관의 유물로 내던져질 위험도 다분히 내재하고 있다. 고전은 그 같은 양면의 모습을 세월의 나이테 안에 새기고 있다고 할 수 있다. 각 시대는 그 한계를 극복하면서 자신만의 방식으로 고전을 경험하고 있는 셈이다. 그동안 공연 무대에서 고전을 만나는 동시대의 흔한 방식은 미장센의 작가인 연출가에게 맡겨졌다. 연출가는 고전의 이야기를 배경으로 미장센에 동시대를 투영해왔다. 오래된 이야기가 새 그릇에 담기면서 내용도 형태도 달라지곤 했다.

반면, 스톤은 고전을 통과하여 이어지는 동시대의 모습을 언어를 통해 발굴하고 있다. 그는 익숙함과 거리감을 극복하고 그 심연을 들여다보면서 인간이라는 한계로 말미암아 고전의 삶이 동시대에도 지속되고 있음을 확인한다. '덧대어 쓰기'로 표방되는 그의 극작술은 고전 속의 과거의 삶과 동시대의 개인의 삶의 대위적 관계 속에서 발생한다고 할 수 있다.

그의 '덧대어 쓰기'를 방법론으로 파악하면 다음과 같은 극작술의 구성 단계를 갖는 듯하다. 첫째, 대응관계를 이루는 고전 속의 인물의 삶과 동시대 현실 사회에서의 개인의 삶을 확인한다. 현실의 개인의 삶은 이야기 넘어 작가 자신의 경험 혹은 누군가의 구체적인 경험이어야 한다. 둘째, 과거와 현대의 시대를 관통하는 인간의 원형적 문제에 대한 통찰을 아이디어이자 삶에 대한 관점으로 공고히 한다. 셋째, 고전 속의 이야기에 동시대의 사건을 덧대어 플롯과 인물을 구성한다. 성글게 쓴 장면을 공연 팀과 공유한다. 넷째, 글에 대한 혹은 인물에 대한 배우들의 반응을 관찰한다. 이 과정에서 즉흥이 자연스럽게 개입하기도 한다. 다섯째, 리허설 과정에서 물러나 언어를 정교하게 다듬는다. 언어를 통해 인물의 갈등 관계는 첨예화되고 중층화된다. 다섯째, 본격적인 리허설의 과정은 연출 과정이며 텍스트가 완성되는 과정이다. 이러한 과정 속에서 그의 '덧대어 쓰기'의 결과물은 공연 대본으로 완성된다. 이 같은 과정을 거치면서 언어는 살아 숨 쉬는 구어로 배우의 숨결과 제스쳐와 섞인다. 공연을 통해 확인되는 것은 극작 과정이 여과되어 나타나는 의미의 명료함과 표현의 투명함이다. 배우들이 인물의 상황을 몸으로 찾아내고 감각하던 과정이 글 안에 내재된다. 또한 그의 무대는 언제나 연출가 연극의 스펙터클 대신에 인물의 소리와 행위에 집중하게 만드는 미니멀한 배경을 동반한다. 카메라가 클로즈업하여 관객의 시선을 장면 속으로 끌어들이듯이, 그의 무대는 관객의 시선을 배우들의 호흡과 움직임에 집중시키며 그들의 말에 귀 기울이게 한다. 타인의 비극이 관객의 몸의 경험으로 지각되는 이유이다.

참고문헌

에우리피데스, 『메데이아』, 김종환 역, 지식을만드는지식, 2011.

페데리코 가르시아 로르카, 『예르마』, 안영옥 역, 지식을만드는지식, 2011.

Medea, Toneelgroeamsterdam, Written and Directed by Simon Stone, Dramaturgy by Peter van Kraaij, Scenography by Bob Cousins, Performed by Marieke Heebink with Aus Greidanus jr., Evgenia Brendes, etc., 2014.

Yerma, Young Vic., Written and Directed by Simon Stone, Design by Lizzie Clachan, Music by James Farncombe, Music and Sound by Stefen Gregory, Performed by Billie Piper, Maureen Beattie, Brendan Cowell, etc., 2017.06.26.

Dietz, Steven, "Stage: Wanted: A Return to a Theater of Eloquence", *Los Angeles Times*, https://buly.kr/7QGVTB7. 1988.3.20.

Hemming, Sarah, "Interview: theatre director Simon Stone", Financial Times, https://buly.kr/2JiSua5. 2020,

ITA., "Simon Stone", Home Page, https://buly.kr/A3zo4WG.

Murderpedia, "Deborah J. Green", https://buly.kr/EdnbhpI. 2022년 4월 30일,

Soloski, Alexis, "Simon Stone Faced the Unthinkable. He Thinks You Should Too", *The New York Times*, https://buly.kr/Ezd1Xkm. 2020,

Stone, Simon and Ivo van Hove, "Medea's Director Simon Stone in Conversation with Ivo van Hove", New York: Harvey Theater at Bam Storong, https://buly.kr/3CIJvfe. 2020,2,6.

Stone, Simon and David Lane, "Program", *Medea*, Toneelgroeamsterdam and International Theatre of Amsterdam. 2014.

Stone, Simon and Anne Bogart, "Artist Talk: Yerma" New York: Park Avnue Amory, https://buly.kr/6ibTY9y. 2018.4.6.

Stone, Simon, *Yerma*, London: Methuen Drama, 2021.

찾아보기

하형주

홍익대학교 미학과(석사)를 졸업하고 프랑스 파리8대학에서 연극학 박사를 받았다. 청운대학교 연극예술학과 교수로 재직 중이며, 연극평론가, 드라마투르그로 활동하고 있다. 19세기부터 21세기 현대연극이론과 포스트모던연극의 한계와 그 대안에 대한 연구에 관심이 있으며, 주요 저서로 『21세기 연극예술론 : 포스트모던 연극에 대한 반성과 '정치적인 것'의 미학』, 『퍼포먼스 드라마투르기』(공저), 『희곡읽기2』(공저), 『연극과 인문학』(공저), 『한국 현대 연출가 연구』(공저), 『동시대 연출가론』(공저) 등이 있다.

김기란

극장 구석에서 공연 보는 일이 본업인 자발적 비주류 연극평론가이다. 국문학에서도 비주류에 속하는 한국 희곡 연구로 연세대학교에서 석사 학위를 취득하고, 박사 과정 재학 중이던 1998년 모두의 만류를 뒤로 한 채 국내에서는 경험할 수 없는 연극학을 공부하기 위해 독일 베를린 자유대학으로 유학했다. 현대 공연예술의 핫플레이스였던 베를린에서 다양한 공연예술을 접하며 예술가는 장인(匠人)이 아니라는 신념을 장착했다. 2004년 연세대학교 국어국문학과에서 문학박사 학위를 취득한 후, 본격적으로 동시대 공연예술과 한국 연극사의 실험과 도전을 기록하는 일에 진심으로 전념하는 중이다. 펴낸 책으로는『포스트드라마 연극』(2013, 번역),『논문의 힘』(2016),『극장국가 대한제국』(2020),『비주류들의 말하기－2000년대 한국연극의 새로운 입장들』(2021),『공연예술산책』(2014, 공역),『Bonjour Pansori』(2016, 공저),『연극 공간의 이론과 생산』(2017, 공저),『퍼포먼스 드라마투르기』(2018, 공저) 등이 있다.

이성곤

한국예술종합학교 연극원 예술사·예술전문사(MFA)를 졸업하고 일본 오사카대학에서 박사학위를 받았다. 연극원 교수로 재직 중이며, 한일 연극교류협의회 회장을 맡고 있다. 전후 일본 연극을 전공했으며, 전쟁과 연극이라는 주제를 지속적으로 고민하고 있다. 1960년대 이후 일본 실험연극에도 관심이 많다. 현재는 재일코리안 극단에 대한 연구를 진행 중이다.「현대 일본 연극의 전쟁 표상 방식 연구」,「재일코리안극단 연구」,「위기의 계보학으로 읽는 코로나 시대의 연극」 등의 연구논문과『동시대 한국무대에서의 해외연극』(공저),『포스트 코로나 시대 예술의 길』(공저) 등의 저서가 있다. 〈손 없는 색시〉(예술무대 산, 2018), 〈새들의 무덤〉(극단 즉각반응, 2020) 등의 공연에 드라마터그로 참여했다.

최성희

연극평론가. 이화여자대학교 영어영문학부 교수. '전이 영역'으로서의
연극의 존재론적, 인식론적 특성에 관심을 가지고 있으며 최근 연구 주
제는 미메시스, 메타연극, 생태비평이다. 다수의 논문, 서평, 평론을 국
내외 학술지와 평론지에 발표했으며 공저로는 『포스트드라마 연극의
미학』 『퍼포먼스 연구와 연극』 『아메리카나이제이션』 『페미니즘, 차
이와 사이』 『연극과 젠더』 『연극과 인문학』 등이 있다. 한국아메리카
학회 우보논문상(2003), 한국현대영미드라마학회 루비콘상(2015)을 수
상했다.

최영주

연극비평, 번역, 드라마투르기를 하고 있다. 동시대 공연 미학과 공연
구성 방식과 관련된 글을 써왔으며, 최근 극작술에 집중하여 연구를 진
행 중이다.